동물과 자연 이야기

동물과 자연 이야기

초판 1쇄 발행 2020년 9월 21일

지은이 콘스탄트 김
펴낸이 장길수
펴낸곳 지식과감성#
출판등록 제2012-000081호

그림 홍인표
디자인 안영인
편집 안영인
교정 김혜련
마케팅 고은빛

주소 서울시 금천구 벚꽃로 298 대륭포스트타워 6차 1212호
전화 070-4651-3730~4
팩스 070-4325-7006
이메일 ksbookup@naver.com
홈페이지 www.knsbookup.com

ISBN 979-11-6552-397-8(03400)
값 13,000원

ⓒ 콘스탄트 김 2020 Printed in Korea

잘못된 책은 구입하신 곳에서 바꾸어 드립니다.
이 책의 전부 또는 일부 내용을 재사용하려면 사전에 저작권자와 펴낸곳의 동의를 받아야 합니다.

이 도서의 국립중앙도서관 출판예정도서목록(CIP)은 서지정보유통지원시스템
홈페이지(http://seoji.nl.go.kr)와 국가자료공동목록시스템(http://www.nl.go.kr/kolisnet)에서
이용하실 수 있습니다. (CIP제어번호 : CIP2020036082)

홈페이지 바로가기

현명한 자녀를 위한

동물과 자연 이야기

콘스탄트 김 지음
홍인표 그림

동물과 자연에서 배우는 것 못지않게
사랑하는 마음도
갖기를 바라면서...

지식과감정

글을 시작하면서

어려서부터 동물에 대한 호기심好奇心과 관심關心이 많았다. 그러나 그 시기에는 가난 때문에 동물을 직접 기르거나 관찰觀察할 수 있는 여유가 거의 없었다. 물론 인터넷도 없어서 동물에 대한 지식은 각종 책에 의존依存할 수밖에 없는 시절時節이기도 했다.

그러나 필자筆者는 가난에도 불구不拘하고 나름대로 다양多樣한 동물들을 접할 기회機會가 많았다. 시골생활에서 어쩔 수 없이 접할 수밖에 없는 가축이나 곤충, 그리고 물고기 등이 그것이었다.

가축家畜으로는 소와 돼지, 염소, 거위, 오리와 닭, 토끼와 개, 그리고 고양이가 있었다. 산속생활을 해서 솔개와 산비둘기 등 각종 조류鳥類, 뱀과 도마뱀 같은 파충류爬蟲類와 개구리, 두꺼비, 맹꽁이, 도롱뇽 같은 양서류兩棲類, 귀뚜라미와 반딧불이, 벌과 개미 같은 곤충昆蟲들, 그리고 개울이나 방죽에서 물고기 등을 잡아서 조그만 양어장養魚場을 만들어 키워 보았던 경험經驗 등이 책을 쓰는 데 좋은 소재素材가 될 수 있었다.

그리고 산골이었지만, 텃밭치고는 비교적 넓은 밭을 경작耕作하며 심었던 다양한 작물作物들과 꽃, 그리고 울창鬱蒼한 나무와 식물들….

특히 필자가 살던 곳은 아무도 찾아오지 않는 산속 외딴집이어서 친구보다는 가축과 동물들, 그리고 자연과 더불어 생활生活하는 날이 많았기에 남들보다 자연을 더 가까이에서 관찰하고 지켜보았다. 남들은 사람들과 많이 소통疏通하며 자라는데, 필자는 사람을 만날 기회가 없어서 동물과 자연을 벗 삼아 놀기 일쑤였다.

동물動物과 자연自然에 대한 관심은 나이를 먹어가면서도 줄어들지 않았다. 동물과 자연이 주는 교훈敎訓을 얻고자 노력努力했던 시간時間이기도 했다.

요즘의 아이들에게 동물과 자연이란 기껏해야 애완愛玩 동물 또는 곤충을 키우는 것에 한정限定되어 있기 때문에 섬세纖細한 관찰이 쉽지 않다. 그래서 어려서부터 보았던 동물과 자연을 아이들에게 소개紹介하며 앞으로 커 나가는 데 좋은 영향력影響力이 끼치길 바라는 마음에서 이 책을 썼다.

아울러 동물과 자연을 사랑하는 마음도 갖기를 바라면서….

이미 출간한 《세상을 보는 작은 눈 그리고 큰 눈》의 속편을 거의 매주 1편 이상 쓰고 있다. 이 책은 그중에서 동물과 자연이야기만을 발췌拔萃해 만든 작품作品이다.

필자가 어른이 되어서도 고슴도치와 햄스터, 그리고 장수풍뎅이 등을 키우는 것을 보고, 관심關心이 없었던 가족들도 어느덧 함께 키우게 되었던 것처럼, 항상 사랑과 지원支援을 아끼지 않은 가족家族들, 아내 김용미, 아들 동욱이, 쌍둥이 딸 예진이, 유진이에게 사랑을 보내고 싶다.

작열하는 태양의 아래에서
콘스탄트김

목차

글을 시작하면서 ··· 4

첫 번째, 동물 이야기

- » 사자가 사냥감을 다 먹어 치우지 않는 이유는 ··· 12
- » 수사자가 게으름뱅이인 이유는 ··· 15
- » 사자에게 가장 위험한 순간은 ··· 18
- » 코뿔소의 크기는 왜 다를까 ··· 21
- » 코뿔소가 공격당하지 않는 이유는 ··· 24
- » 하이에나가 썩은 고기를 먹는 이유는 ··· 26
- » 하이에나의 배설물은 무슨 색일까 ··· 29
- » 하이에나의 뒷다리가 짧은 이유는 ··· 31
- » 가장 빨리 달리는 치타의 고충은 ··· 32
- » 임팔라가 최고의 육상선수인 이유는 ··· 34
- » 죽을힘을 다하는 암컷 회색곰, 이유는 ··· 36
- » 사바나의 들개, 리카온이 언제나 강한 이유는 ··· 38
- » 코끼리가 높이뛰기를 하지 않는 이유는 ··· 40
- » 침팬지와 인간, 무엇이 비슷할까 ··· 43
- » 침팬지는 힘이 세지만 약한 이유는 ··· 46
- » 개에게 하루 세 끼를 주지 않는 이유는 ··· 49
- » 오리가 못하는 것은 ··· 52
- » 닭은 왜 솜털이 없을까? ··· 55
- » 코알라가 잠을 덜 잤다면 ··· 57
- » 나무늘보가 잡아먹히지 않는 이유는 ··· 60
- » 나무늘보의 수영실력은 ··· 63
- » 태즈메이니아데빌은 왜 악마인가 ··· 64

- » 벌거숭이두더지쥐는 왜 땅속에서만 사는가 ··· 67
- » 세상에서 가장 작은 알을 낳는 타조 ··· 70
- » 기러기 중 리더는 누구인가 ··· 73
- » 비둘기가 야생능력을 잃어버린 이유는 ··· 76
- » 대머리독수리는 왜 대머리가 되었나 ··· 79
- » 황제펭귄은 강추위 속에서 어떻게 살아갈까 ··· 81
- » 동물들이 배부르면 더 이상 먹지 않는 이유 ··· 83
- » 수컷이 암컷보다 큰 이유는 ··· 86
- » 야생동물보다 사육동물이 더 오래 사는 이유 ··· 88
- » 동물이 추워지면 가장 먼저 버리는 것은 ··· 90
- » 입과 항문이 만들어지는 순간 ··· 92
- » 공룡은 얼마나 오래 살았을까 ··· 94
- » 대식가 코모도왕도마뱀의 열정은 ··· 97
- » 시베리아 네발가락도롱뇽은 냉동동물 ··· 99
- » 킹코브라의 독은 약하지만 ··· 102
- » 비단뱀은 언제까지 자랄까 ··· 105
- » 황소개구리보다 훨씬 큰 개구리는 ··· 107
- » 올챙이는 개구리가 될 줄 알았을까 ··· 110
- » 상어가 냄새를 잘 맡는 이유는 ··· 112
- » 황금잉어는 맛있다던데 ··· 115
- » 오징어는 입으로 먹물을 쏘지 않는다 ··· 118
- » 오징어는 항문을 이고 산다 ··· 120
- » 참치는 뜨거운 물고기이다 ··· 122
- » 파야라는 뱀파이어 물고기 ··· 124
- » 시클리드와 시노돈티스 페트리콜라는 어떤 관계일까 ··· 126
- » 게거미는 최고의 매복사냥꾼 ··· 129
- » 꿀벌의 애처로운 이야기 ··· 131
- » 여왕개미의 혼인비행은 마지막 기회 ··· 134

- » 개미는 죽을 때 한 방향으로만 쓰러진다고 하던데… ··· 137
- » 사마귀는 치밀한 전략가 ··· 139
- » 거미줄은 강철보다 강하다 ··· 142
- » 초파리가 바나나에 몰리는 이유는 ··· 145
- » 파리가 전자레인지에서 살아남을 수 있는 이유는 ··· 148
- » 모기는 절대로 물지 못한다 ··· 150
- » 하루살이가 하루밖에 못 사는 이유는 ··· 153
- » 바퀴벌레는 머리가 없어도 살 수 있다 ··· 156
- » 바퀴벌레의 생사를 구분하는 법 ··· 158

두 번째, 자연 이야기

- » 아카시아가 아닌 아까시나무 ··· 162
- » 꽃은 사계절 피는 법이다 ··· 164
- » 꽃은 결코 오래 피지 않는다 ··· 167
- » 꽃을 피우는 이유는 ··· 169
- » 나팔꽃이란 명칭의 유래 ··· 171
- » 해바라기의 자존심 ··· 174
- » 자이언트 라플레시아는 세상에서 가장 큰 꽃이다 ··· 177
- » 칡과 등나무가 갈등을 빚는 이유는 ··· 180
- » 뿌리는 보이지 않는 법이다 ··· 182
- » 옥수수의 희생정신 ··· 184
- » 나무는 다듬어야 한다 ··· 186
- » 태풍은 적도에서는 만들어지지 않는다 ··· 188
- » 먹구름 위로는 항상 태양이 ··· 190
- » 제주도에 홍수가 나지 않는 이유는 ··· 192

- » 강수량을 비축하려면 ··· 194
- » 우박이 내리는 계절은 겨울이 아니다 ··· 196
- » 우박이 떨어지는 이유 ··· 198
- » 계절은 반복되지만 매번 같지는 않다 ··· 200
- » 태양이 빛나는 이유 ··· 202
- » 블랙홀 같은 힘이 필요한 이유 ··· 204
- » 중력 같은 힘을 길러야 하는 이유 ··· 206
- » 인간중력의 힘 ··· 207
- » 증발은 100℃에서만 진행되지는 않는다 ··· 209
- » 정제된 소금이 더 깨끗할 수 있다 ··· 210
- » 마에 대한 소고小考 ··· 212
- » 연근에 구멍이 많은 이유 ··· 214
- » 마늘은 가장 강한 단맛을 내는 채소 ··· 216
- » 꿀은 평생 썩지 않는다 ··· 220
- » 금강석의 미학 ··· 222
- » 굴뚝이 쓰러지는 순서는 ··· 224
- » 못과 바늘의 원리 ··· 226
- » 길과 터널의 원칙 ··· 228
- » 돌담이 강풍에 견디는 이유 ··· 230
- » 밀알과 불쏘시개의 차이 ··· 231
- » 사막을 만들지 말아야 하는 이유 ··· 232

첫 번째,
동물 이야기

사자가 사냥감을 다 먹어 치우지 않는 이유는

사바나의 최상위 포식자이며 잔인殘忍한 습성의 사자!

백수百獸의 왕王이라고 불리는 사자는 주로 어떤 동물들을 사냥하며 먹고살까?

사자의 사냥 대상은 당연當然히 얼룩말이나, 누, 그리고 임팔라 등의 초식동물草食動物들이다.

그렇다면 사자는 어느 정도의 먹이를 먹을까?

사자는 사냥한 후에 약 20~30kg의 먹이를 한꺼번에 먹는다.

그래서 얼룩말, 누, 임팔라 등과 같이 작은 동물을 잡게 되면 한 무리의 사자 10~20여 마리가 모두 다 배불리 먹지 못한다. 왜냐하면 얼룩말의 무게는 200~400kg, 누는 100~300kg, 임팔라도 겨우 40~60kg에 불과不過하기 때문이다.

따라서 작은 동물의 경우 여러 마리를 사냥하지 않는 한 항상 굶주려 있을 수밖에 없게 된다. 그러므로 대식구大食口가 먹고 살려면 보다 큰 짐승을 잡을 수밖에 없어서 위험危險을 무릅쓰고 1t에 가까운 물소 사냥을 감행敢行하게 된다.

사자는 사냥한 먹이를 먹을 때에도 순서順序를 지킨다.
먹는 순서는 다음과 같다.
먼저 무리의 우두머리인 수사자가 제일 좋은 부위部位를 차지하여 먹는다. 이어서 서열序列에 따라 대장 암사자부터 그 아래 암사자 그리고 어린 새끼들 순으로 차례대로 먹는다.
수사자들은 고기의 가장 연한 부분인 살코기와 내장內臟 등을 주로 먹고, 나머지 암사자들이 갈비와 다리 살 등을 먹는다.

그런데 이상한 점은 사냥감을 끝까지 다 먹어 치우지 않는다는 것이다. 사자는 너무 오랫동안 굶지만 않았다면 뼈에 붙어 있는 고기와 머리 그리고 가죽 등은 먹지 않은 채 남겨두고 떠나간다. 사자가 떠나고 나면 하이에나 자칼, 아프리카 들개인 리카온이 사냥감을 차지하고 배를 채운다. 이어 독수리가 다가와 가죽과 뼈, 그리고 뼈에 붙어 있는 고기를 먹어 치운다. 그리고 나서 남은 부분이 있다면 그것은 미생물微生物들이 처리處理한다.

왜 사자는 사냥감을 다 먹어 치우지 않는 것일까?
배가 부르기 때문일까? 아니면 다른 동물들을 위한 배려配慮일까?

만약 사자가 잡은 먹잇감을 하나도 남김없이 다 먹어 치운다면 자연계自然界의 질서秩序는 흐트러질 것이다.

그러나 그런 일은 애초부터 발생發生하지 않는다.

사자는 하이에나처럼 뼈를 부숴 먹을 수 있는 강한 턱 힘도 없으며 그 뼈를 소화消化시킬 강력한 위산胃酸도 분비分泌하지 못하기 때문이다. 그리고 독수리처럼 뼈에 붙은 살점을 정교精巧하게 발라 먹을 수 있는 능력도 가지고 있지 않다. 그래서 사냥감을 다 먹어 치우지 않는 것이다. 이렇듯 사바나는 자연스럽게 생태계生態系의 질서를 유지維持해 나간다.

다 먹지 않고 남겨두는 자세姿勢

한낱 미물인 사자도 먹을 것을 남겨두는데 정작 인간은 그렇지 못한 것 같다.

인간人間은 항상 모든 것을 다 가지려고 한다.

바로 욕심慾心을 가지고 있기 때문이다.

이로 인해 사회질서가 무너지는 경우도 생겨난다.

만약 인간이 사자와 같이 남겨두는 아량雅量을 조금만 더 베풀었다면 사회가 이렇듯 각박刻薄하지는 않았을 것이다.

인정이 넘쳐나는 곳, 살맛 나는 세상이 되었을지도 모른다.

그럼에도 불구하고 인간은 다른 동물과는 달리 자기가 가진 것을 나눠줄 수 있는 능력能力을 가지고 있다. 욕심 많은 사람들 중에서도 이러한 자세를 가진 사람들이 존재하는 것은 우리가 살아가야 할 충분充分한 이유理由가 된다. 앞으로도 이러한 인간의 능력을 믿어보자. 아니, 이러한 인간이 되어보자.

조금 더 따뜻한 사회를 만들기 위해.

수사자가 게으름뱅이인 이유는

사바나에는 언제나 라이벌 관계가 존재한다.

그중 하나가 바로 사자와 하이에나이다.

그래서 이들은 서로 만나기만 하면 자기영역自己領域에서 쫓아내기도 하고 싸워서 죽이며 새끼는 찾아서 없애 버린다.

이러한 행위는 자기 무리의 영역을 지키는 것은 물론 미래의 불안不安한 요소要素를 사전에 제거除去해 버리고 사냥감을 독차지하기 위한 방편方便이다.

하이에나는 교활狡猾하고 집요執拗한 사냥꾼이며, 남의 사냥감을 가로채는 것으로 유명有名한 사바나의 제2인자이다.

심지어 하이에나는 사자가 사냥한 먹이도 빼앗는다. 하이에나는 통상通常 10~20마리가 한 무리를 이루는데, 보통 3~4마리 정도면 암사자를 충분充分히 쫓아낼 수 있기 때문이다.

하이에나과 중 가장 큰 점박이하이에나는 성체成體일 경우 체중體重이 약 80kg까지 나간다. 암사자는 약 150~180kg 정도이기 때문에 숫자를 이용해 암사자를 굴복屈服시키거나 공격攻擊해서 쫓아낸다. 그러나 암사자가 이렇게 하이에나에게 굴욕屈辱을 당하게 되면 수사자가 등장登場하여 복수復讐를 하게 된다.

성체 수사자는 체중이 약 240kg 정도 나가기 때문에 하이에나가 수적으로 우세하다고 해도 충분히 물리칠 수 있다. 그리고 사실 수사자의 등장만으로도 하이에나는 도망逃亡치기 바쁘다. 수사자의 엄청난 힘을 이미 잘 알고 있기 때문이다. 평상시 수사자는 빈둥빈둥 노는 것 같지만, 이렇듯 필요한 시기에는 아주 중요한 역할役割을 수행隨行한다. 자기 무리의 영역을 지키거나, 사자 가족들을 보호保護하고, 경쟁자競爭者들을 응징膺懲해 주는 것이다.

몸이 크고 둔해서 사냥은 거의 하지 않지만, 꼭 필요한 역할은 반드시 수행하는 것이다. 물론 수사자도 코끼리나 하마, 기린, 물소 등의 커다란 동물을 사냥할 때는 사냥에 동참同參한다. 이런 동물들은 너무 덩치가 커서 암사자만으로는 제압制壓하기 힘들기 때문이다. 큰 사냥감은 위로 올라타서 주저앉히거나 쓰러뜨려야 하는데, 암사자의 무게만으로는 불가능不

可能가능하다. 이때 수사자의 육중肉重한 무게와 힘으로 커다란 사냥감을 쓰러뜨릴 수 있기에 수사자의 역할은 매우 중요重要하다.

수사자를 인간의 남자와 비교比較해 보자.

무리와 가족을 지키는 일은 수사자나 남자나 다를 바가 없는 것 같다. 그런데 남자는 평상平常시에도 항상 사냥[1]을 해야 한다. 그렇기 때문에 인간 수컷으로 살아가는 것이 수사자보다 더 힘들지도 모르겠다.

그러나 수사자보다 더 많은 일을 한다고 해서 불만不滿이 크지는 않을 것이다. 그만큼 가족을 지키는 일은 가치 있는 일이기 때문이다. 하지만 건강健康하고 활력活力이 넘치는 때를 지나 늙고 힘없을 때가 되면 가족을 지키지 못하는 경우가 반드시 발생發生하게 될 것이다.

수사자의 경우 병들고 힘이 없을 때는 다른 수사자에 의해 무리에서 쫓겨난다. 수사자와 달리 인간의 남자는 쫓겨나지는 않지만, 그것이 위안慰安이 되지는 못한다. 인간의 남자는 힘이 없다 해도, 혹은 죽어서도 가족을 지켜야 하는 숙명宿命을 가지고 태어났기 때문이다.

그러므로 항상 생生과 사死, 두 가지 상황을 준비準備하는 것도 수컷의 몫이 될 것이다.

아니, 가족을 이룬 인간은 남자와 여자가 함께 준비해야 할 것이다.

---

[1] 돈을 버는 일.

사자에게 가장 위험한 순간은

사바나의 최강자인 사자!

과연 사바나의 최강자인 사자에게도 위험이란 것이 존재할까?

모든 동물은 짝짓기할 때를 가장 위험危險한 순간瞬間으로 여긴다. 그래서 이때는 아주 조심스럽게 행동한다. 물론 포식자捕食者는 이때를 노린다. 피식자被食者가 아무런 저항抵抗도 할 수 없는 좋은 기회機會이기 때문이다.

그렇다면 최상위 포식자인 사자는 어떨까?

사자는 종족번식種族繁殖을 위해서만 짝짓기를 한다.

사자는 암컷의 발정기發情期에 맞춰 교미交尾를 하게 되는데 며칠 동안 수백 차례 이상을 하기도 한다. 즉 짧은 교미를 계속해서 반복反復한다. 수정授精에 성공成功하기 위해서 여러 차례 교미를 반복한다는 것이다. 이렇듯 짧게 여러 번 실행하여 성공률成功率을 높이는 것이다. 비록 백수百獸의 왕이지만 사자도 교미하는 순간이 가장 위험하다는 것을 잘 알기 때문이다.

인간이 볼 때 동물의 최강자最强者가 위험을 느끼고 짝짓기를 짧게 끝내는 것이 이상異常하게 보일지도 모른다. 그러나 사자에게는 그렇게 하는 것이 어쩔 수 없는 상황狀況에 봉착逢着하여 위험을 당하는 것보다 훨씬 더 나은 최선最善의 방법이 되며 훌륭한 대비책對備策이 된다는 것이다.

흔히 우리는 남을 판단할 때 자기 잣대를 들이밀곤 한다.
그러나 이것은 아주 잘못된 행위行爲이다.

역사歷史를 보는 것도 마찬가지이다.
지금의 잣대로 보는 것이 아닌 그 시대時代에 맞춰 봐야 하는 것이다. 그렇지 않으면 사실事實과 다른 왜곡歪曲된 결과를 초래招來하게 되기 때문이다.
만약 지금의 잣대로만 평가評價한다면 세종대왕과 링컨대통령은 아주 비민주적이고 언론을 탄압彈壓한 독재자獨裁者에 불과할 수도 있을 것이다.
따라서 역사는 그 시대에 맞춰 평가評價해야 한다.

조선시대에는 민주주의民主主義가 없고 패권주의覇權主義만 있어서 강력強力한 왕권王權을 중심中心으로 뭉치지 않으면 살아남기 힘든 시대였기 때문이다.

강력한 왕권이 없었다면 다른 나라의 침략侵略을 받아 평생 노예奴隷로 살아야 하는 운명運命을 피할 수 없었을 것이야.

이처럼 현재現在의 기준基準을 가지고 현명賢明하고 합리적合理的이라고 생각하며 판단하는 것이 얼마나 위험한 일인가를 알아야 한다. 그리고 이러한 과오過誤는 본의 아니게 엄청난 다른 결과結果를 가져올 수도 있으니 조금 더 현명해질 필요가 있다는 것이다.

따라서 반드시 그 시대의 상황狀況에 맞게 역사를 판단判斷해야 하는 이유가 여기에 있는 것이다.

코뿔소의 크기는 왜 다를까

지상에서 코끼리 다음으로 가장 몸집이 큰 코뿔소

 육상동물 중 코뿔소는 8t에 육박肉薄하는 아프리카 코끼리를 제외除外하면 가장 큰 육상동물陸上動物이다. 코뿔소의 무게는 최대最大 3.6t까지 나가기 때문이다.
 이렇게 커다란 덩치의 코뿔소도 새끼 사랑만큼은 그 누구보다 지극至極하다. 대부분 다른 동물들도 새끼 때는 어미의 보호를 받아가면서 성장成長한다. 이 거대한 어미 코뿔소의 새끼 역시 어미의 보호를 받으며 안전安숲하게 커간다.

그런데 코뿔소는 그 種종에 따라 이동移動할 때 새끼를 보호保護하는 방법方法이 다르다고 한다.

관목림灌木林에 서식棲息하는 검은코뿔소는 나뭇가지 등을 헤쳐 나가야 하기에 새끼보다 항상 앞장서서 이동하며 새끼를 보호한다.

이에 반해 초원에 서식하는 흰코뿔소는 새끼보다 뒤에서 이동하며 보호한다. 즉 새끼를 앞세우고 이동하는 것이다. 초원지대草原地帶라 시야視野가 탁 트여서 새끼가 포식자에게 노출露出되는 위험에 처할 수 있기 때문에 뒤로부터의 공격을 막아 내기 위해서 앞세우는 것이다. 앞은 잘 볼 수 있기에 공격을 당한다 해도 항상 대처對處할 수 있기 때문이다.

따라서 코뿔소가 새끼를 앞세운다고 비겁卑怯한 것이 아니고 새끼보다 앞선다고 용감勇敢한 것도 아닌 것이다. 단지 상황狀況에 맞게 적절한 방법을 선택選擇한 것뿐이다.

한편 코뿔소는 지상동물 중 코끼리 다음으로 큰 동물인데, 검은코뿔소보다 흰코뿔소가 두 배 가까이 더 크다. 관목지대灌木地帶의 속박束縛과 불편함보다 초원지대草原地帶의 편함과 자유로움이 코뿔소의 크기를 다르게 만든 것이다.

시장경제市場經濟 또한 마찬가지이다.

통제統制보다는 자유로운 경쟁競爭이 시장규모를 더 키운다. 그럼에도 불구하고 인위적인 통제와 규제規制로 키울 수 있다는 생각은 오만傲慢이다. 통제를 한다고 해서 커지지도 않겠지만, 커져서도 안 된다. 경제는 잘 키운 화분花盆과 분재盆栽가 아니라 자연림自然林이 되어야 볼만한 것이 되기 때문이다.

코뿔소가 공격당하지 않는 이유는

초원의 왕, 사자는 거의 모든 동물을 잡아먹을 수 있다.[2]

사자는 200~400kg의 얼룩말이나 누, 1t에 달하는 물소는 물론 같은 육식동물인 표범까지 사냥한다.[3] 그리고 2t에 육박하며 5m 키의 거대한 기린과 3t에 가깝고 아주 사나운 하마, 최대 2t에 달하는 악어, 그리고 7~8t 이상의 코끼리 등….

그런데 사자가 이렇게 사냥하는 대상은 사자에게 별다른 위협威脅을 주지 못한다.

얼룩말과 기린, 누는 발길질 외의 별다른 무기武器가 없다. 덩치가 큰 물소는 뿔과 발굽이 무기이지만 대체大體로 공격성攻擊性이 없는 편이다.

표범은 사자 무게의 절반도 나가지 않아 상대적으로 작고 나약懦弱한 동물이다. 나무를 잘 탄다고는 하지만, 사자 또한 나무를 잘 타는 편이다.

그리고 하마는 물 밖에서 짧은 다리 탓에 민첩敏捷하지 못한 편이다.

악어는 사자와의 싸움에서 익사溺死당해 죽는 경우가 많다. 특히 악어는

---

2 참고로 사자는 암컷이 180kg 내외, 수컷이 240kg 정도 나간다.
3 표범을 사냥한다고 하기보다 잡아서 죽인다. 경쟁상대(競爭相對)를 없앤다는 측면에서.

사자 크기의 절반에도 못 미치는 재규어에게도 잡혀 먹히기도 한다.

코끼리 또한 긴 코와 발길질 외의 특별한 무기가 없다. 그리고 무리에서 떨어진 코끼리는 이내 두려움이 앞서 기선機先을 제압制壓당하고 만다.

이렇듯 커다란 동물들도 사자들 여럿이 협동協同해 사냥하면 그만인 것이다.

그런데 사자가 코뿔소를 사냥했다는 소리는 들어보지 못했다.

왜 그럴까?

추측 하건대 그것은 아마도 눈이 잘 보이지 않는 근시近視에서 비롯된 코뿔소의 저돌적猪突的인 대응태도對應態度와 무시무시하게 생긴 커다란 뿔이 처음부터 사자의 공격을 차단遮斷해 버린 것은 아니었을까?

가끔은 이렇듯 코뿔소처럼 무식하고 난폭亂暴하게 대응할 필요가 있다.

한 나라에 있어 국방國防 또한 마찬가지이다. 강력하고 엄청난 응징膺懲, 예상치 못한 공격만이 상대의 기를 제압하고 도발挑發의 의지意志를 꺾어 놓을 수 있다는 것을 잘 알아야 한다.

재산財産을 잃으면 조금 잃는 것이고 명예名譽를 잃으면 조금 많이 잃는 것이지만, 건강健康을 잃으면 모든 것을 다 잃는다는 말이 있듯이, 나라에 있어서 국방은 반드시 지켜야 하는 최후最後의 보루堡壘이다.

구한말舊韓末 조선朝鮮이 나라를 빼앗기고 수모受侮를 당한 이유는 단 한 가지, 바로 힘이 없었기 때문이었다는 점點을 반드시 기억記憶해 둘 필요가 있다.

하이에나가 썩은 고기를 먹는 이유는

사바나의 청소부淸掃夫, 하이에나

하이에나는 위산胃酸의 산도酸度가 굉장히 높기에 부패腐敗한 사체死體라도 웬만하면 탈 없이 다 소화消化시킨다.[4]

강력强力한 위산이 박테리아나 세균細菌등을 다 위장에서 소화시키거나 죽여 버리기 때문에 아무런 문제가 발생하지 않는다.

---

4 하이에나의 위산 산도는 약 1.5pH 정도이다.
   육식동물이 보통 1.3~2.2pH, 인간과 같은 잡식동물이 3pH 내외, 초식동물의 경우 4~6pH이다. 육식동물은 강산성, 초식동물은 약산성에 가깝다.

특히 소장에서 항균물질抗菌物質을 생성生成한다고 하니 배탈이 날 염려도 없다. 그러므로 구더기가 바글거리는 사체死體나 오랫동안 썩어 있는 사체를 다 먹어 치운다고 해도 문제가 없는 것이다. 그리고 가죽은 물론 뿔과 발굽까지도 다 소화시킨다. 사바나의 청소부라는 명칭名稱이 무색無色하지 않게···. 그리고 강력한 흡수력吸收力의 장腸이 소화를 마무리한다.

그런데 왜 하이에나는 썩은 고기를 먹는 것일까?

사실 하이에나는 사바나에서 가장 사냥을 잘하는 육식동물 중 하나이다. 하이에나는 사냥실력도 실력實力이지만 집요執拗한 지구력持久力도 갖추고 있어 피식자를 지치게 만들거나 이내 체념諦念하게 만든다. 또한 무리생활을 하며 공격하기에 사냥성공률도 사바나에서 가장 높은 편이다. 그리고 사바나의 제2인자이기도 해 표범이나 치타가 사냥한 먹잇감을 가로채기도 한다. 심지어 사자의 사냥감도 빼앗는다. 표범의 경우 체중이 60~80kg 정도밖에 나가지 않아서 하이에나를 만나기라도 하면 도망치기 바쁘다. 치타 역시 체중이 35~60kg밖에 나가지 않아 한 마리의 하이에나를 만나더라도 이내 체념하고 도망친다.

또한 하이에나는 후각嗅覺이 매우 발달해서 4km 밖에서도 방금 전 사냥한 사체의 냄새를 감지할 수 있어서 바로 쫓아가 사냥감을 빼앗기도 한다.[5]

이처럼 대단한 능력을 가진 하이에나는 신선한 고기만을 먹고 살 수도 있는데, 굳이 부패한 사체까지 먹어 치우는 이유理由는 무엇일까?

그것은 바로 생존능력生存能力을 배가倍加시키기 위해서이다. 사바나에

---

5 창공(蒼空)에 머무는 독수리들의 움직임을 보고 쫓아가기도 한다.

건기乾期가 와서 사냥하기 힘들어지거나, 피치 못할 사정으로 사냥할 수 없는 상황을 대비對備해 살아남기 위한 생존능력을 키운 것이다.

아무리 강력한 포식자라도 사냥감이 없거나, 부상負傷을 당해 사냥하기 어렵거나 하는 최악의 상황狀況에 봉착逢着할 수 있는데 이때 무엇이든지 먹어치우는 하이에나의 방식은 최고의 생존수단生存手段이 될 수 있다는 것이다.

사자 또한 직접 사냥하는 것보다 다른 포식자가 사냥한 먹잇감을 빼앗는 경우가 더 많다는 연구결과硏究結果가 있다고 한다. 이렇듯 최강자라 하더라도 만일의 사태事態에 대비한 능력을 구비具備하지 않는다면 어려움이 왔을 때 속절없이 당할 수밖에 없게 될 것이다.

따라서 지금 냉혹冷酷한 사회생활 속에서 하이에나의 생존방식이 아주 절실切實하게 필요必要해 보인다.

하이에나의 배설물은 무슨 색일까

무엇이든지 먹어 치우는 하이에나의 배설물은 어떤 색일까?

하이에나는 살코기는 물론 이빨을 비롯한 뼈까지 다 먹고 소화시킨다. 그래서 배설물排泄物의 색깔이 흰색이다. 즉 뼈와 이빨을 소화시키면서 발생한 칼슘 때문에 배설물이 하얗게 된 것이다. 이처럼 하이에나는 웬만한 건 다 소화시켜 배설물을 최소한最小限으로 만든다.

반면 초식동물의 배설물은 육식동물에 비해 그 양이 엄청나다. 섬유질纖維質이 다량 포함包含돼 있어 이런 현상現象이 일어난 것이다. 그리고 미처 소화되지 못하고 나온 것들 때문이다.

  이러한 초식동물의 배설물은 다른 초식동물이 먹어도 생명연장生命延長이 가능할 정도로 영양분이 남아 있다. 반면 육식동물의 경우는 거의 대부분을 소화시키기에 배설물의 양이 적다.

  무엇이든 다 소화시키지 않으면 쓰레기가 많아진다.

  지식知識도 그렇다. 전부 소화시켜 자기 것으로 만들지 못하면 쓰레기로 남을 수 있다는 것이다.

  그러므로 소화시키려는 노력努力이 중요한 것이다.

  따라서 먹는 것과 배우는 것보다 소화가 더 중요하다는 것을 항상 명심銘心할 필요가 있다.

하이에나의 뒷다리가 짧은 이유는

하이에나는 앞다리에 비해 뒷다리가 짧다.

그렇기 때문에 고양잇과의 다른 동물들처럼 민첩하게 움직이지 못하고 빠르게 뛸 수도 없다. 균형均衡이 맞지 않는 네 다리가 엇박자를 내기 때문에 충분한 속도速度를 내지 못하는 것이다. 그래서 뛰는 모습도 항상 엉거주춤한 자세로 기우뚱거린다.

하지만 하이에나는 포식자 중 그 누구보다도 지구력이 강하다.

따라서 이 엄청난 지구력으로 피식자들을 이내 체념하게 만드는 장기長技를 가지고 있다.

만약 하이에나의 다리가 짧지 않았다면 지금보다 더 빠르게 뛸 수는 있었을 것이다. 그러나 치타보다는 느려서 그저 그런 빠르기를 가진 동물로 전락轉落했을 것이다. 그렇게 되면 사냥 확률確率이 지금보다 훨씬 더 떨어져서 생존에 문제가 되었을지도 모른다.

하지만 뒷다리가 짧은 덕택에 오히려 속도보다는 지구력으로 사냥하는 기술技術을 연마研磨했다.

속도는 고양잇과 동물보다 느리나 그 어떤 고양잇과 동물도 따라올 수 없는 강인한 지구력을 겸비兼備해 사바나에서 불세출不世出의 포식자가 되어 버린 것이다.

가장 빨리 달리는 치타의 고충은

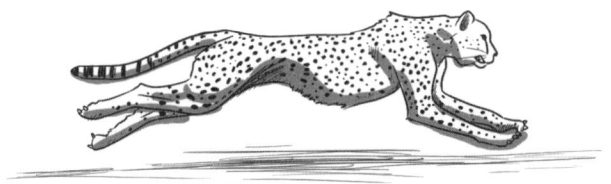

치타는 육상동물 중 가장 빠른 속도를 자랑한다.

한 번 뛰기 시작하여 3초대면 100m를 주파走破하며 최고 속도는 시속 약 110km라고 한다. 사자나 호랑이가 약 60km이고 인간이 약 35km인 것을 감안勘案하면 실로 대단한 능력이 아닐 수 없다. 이처럼 빠른 속도는 대부분의 피식자보다 월등越等히 앞서기에 사냥성공률은 거의 절반에 가깝다.

여러 마리의 사자가 사냥해도 성공률이 10%대에 불과한 것에 비하면 이것은 엄청난 기록記錄이다.

치타는 체중이 35kg에서 60kg 정도 나가는 데 반해 머리가 작고 심장이 큰 편이며 다리가 길고 근육筋肉이 발달發達하였다. 마치 스파이크처럼 강하게 발톱으로 바닥을 찍어 도약跳躍하기에 스프린터로서는 최적화最適化 되어 있다고 한다. 한 번의 주폭走幅은 약 7m이며 1초에 네 걸음을 달린다. 그러나 뛰기 시작始作하여 약 30초가 지나면 금방 지치기에 되도록 짧은 시간 안에 최적最適의 찬스를 노려 일격一擊을 가하는 데 명수名手가 되었다.

하지만 이러한 엄청난 사냥성공률에도 불구하고 대부분의 경우 사자나 하이에나에게 사냥감을 빼앗겨 버리니, 사냥 효용성效用性은 현저히 떨어진다. 치타는 잡은 고기의 최대 절반을 빼앗긴다는 통계統計가 있다고 한다. 달리기는 잘하나 덩치가 큰 하이에나(80kg)나 사자(180~240kg)에게는 적수가 되지 못하기 때문이다.

그럼에도 불구하고 이러한 것은 치타에게 약점弱點이 되지 못한다. 저격수狙擊手인 표범도 사자나 하이에나에게 사냥감을 빼앗기며 사자나 하이에나 또한 서로 사냥감을 뺏고 빼앗기기도 하기 때문이다. 애써 잡은 고기를 빼앗기는 것은 안타까운 일이나 언제나 일어날 수 있는 일이기에 꾸준히 사냥성공률을 높일 필요가 있다.

공부工夫를 해도 금방 잊어버린다고 해서 공부를 게을리할 수 없듯이, 그리고 돈을 벌어도 곧 쓰거나 잃게 된다고 해서 돈벌이에 무관심無關心할 수 없는 것과 같은 이치理致이다.

그러므로 최선을 다하는 것이 성공하는 인간의 본분本分이기에 항상 그 점을 상기想起할 필요必要가 있다는 것이다.

임팔라가 최고의 육상선수인 이유는

사바나의 대표적 피식동물인 임팔라

임팔라는 포식자를 만나면 도망가는데 그 속도가 무려 시속 80~90km에 달하기에 웬만한 포식자들보다 빨라서 여간해선 잡아먹히지 않는다.

그러나 빠른 것만으로는 매번每番 살아남을 수가 없다.

포식자들이 포위包圍하거나 잠복潛伏하여 사냥하기 때문이다. 그래서 대규모로 무리생활을 하며 공동감시共同監視를 한다. 그리고 달리는 기술技術 외에 점프력을 겸비해서 이리저리 뛰며 포식자를 혼란混亂스럽게 만든다.

임팔라는 수직垂直으로 3m 이상을 뛰며, 멀리뛰기로는 10m 이상 뛰기 때문에 충분히 포식자를 피할 수 있다고 한다. 인간의 최고 높이뛰기는

2.4m 정도, 멀리뛰기는 8m 정도이니 임팔라가 육상경기에 나서면 월등越等한 차이로 1등을 차지할 수 있을 정도이다.

아마도 임팔라가 달리는 기술만 믿고 살았다면 대부분 살아남지 못했을 것이다.

이처럼 성공成功하는 사람은 특기 외에 비장秘藏의 무기를 하나 더 가지고 있다. 특기特技 하나만 믿고는 롱런할 수 없다는 것을 잘 알고 있기 때문이다.

특기도 없다면 우선 특기를 키워야 하겠지만, 이는 성공의 방정식方程式이 아니다. 나만의 무기가 될 수 있는 그 무언가를 더 만들지 않으면 살아남지 못하는 세상世上이 되었기 때문이다.

죽을힘을 다하는 암컷 회색곰, 이유는

회색곰Grizzly Bear은 북아메리카에 서식하는 곰과의 포유류이다. 잡식성雜食性인 회색곰은 어린 싹이나, 열매, 물고기는 물론 순록馴鹿같은 대형大型 포유류哺乳類도 먹어 치운다.

회귀回歸하는 연어들을 입으로 낚아채는 기술을 가진 곰…

연어들이 강으로 회귀할 경우 회색곰들은 사냥하기에 좋은 장소場所를 두고 서로 다투기도 하는데, 이때 어미 곰이 새끼들과 함께 수컷들 사이에서 사냥을 하는 경우도 있다. 하지만 이때가 새끼들에게는 가장 위험한 순간이 된다. 수컷 회색곰이 새끼 곰들을 잡아 죽이거나 잡아먹는 경우가 종종 발생發生하기 때문이다.

수컷의 체중은 약 400kg을 상회上廻한다. 이에 반해 암컷은 150kg 내외로 수컷에 비해 훨씬 적게 나간다. 그런데 수컷이 새끼들을 공격할 때 어미 곰은 필사적必死的으로 수컷에 대들며 새끼들을 보호한다. 그리고 집요한 공격으로 결국 수컷을 물리친다. 새끼를 보호하고자 하는 강한 모성애母性愛가 자신보다 몇 배나 큰 덩치를 이겨낸 것이다. 비록 작지만 강한 모성애는 인간이나 짐승이나 다를 바가 없나 보다.

무슨 일이든 목숨을 걸고 덤비는 사람을 이겨내기란 여간 어려운 일이 아니다. 이처럼 공부나 비즈니스, 아니면 아무리 하찮은 작은 일이라 할지라도 죽을 힘을 다해 최선最善을 다한다면 성공할 수 있다.

인간은 극한 상황에서 괴력怪力을 발휘發揮한다고 한다.
그러나 평상시에도 최선을 다한다면 항상 성공하는 삶을 보장保障해 줄 수 있을 것이다.

사바나의 들개, 리카온이 언제나 강한 이유는

치악력[6]이 강한 대표적代表的 동물은 하이에나이다.

하이에나의 PSI[7]는 무려 1,100에 달한다고 한다. 이는 아프리카 사자나 시베리아호랑이는 물론 백상아리보다도 훨씬 강한 수치이다.

---

6 치악력(齒握力): 齒(이 치), 握(쥘 악), 力(힘 력). 이빨로 무언가를 쥐거나 물어뜯는 힘을 말한다.

7 PSI(Pound per Square Inch): 압력(壓力)의 단위(單位), 1평방인치당의 파운드(중량 453g)

그런데 과연 치악력이 세면 강자強者가 될 수 있을까?
꼭 그렇지는 않다.

하이에나는 자신보다 치악력이 세 배나 약한 리카온에게도 당할 때가 있다. 리카온이 무리를 이뤄 공격하기 때문이다. 리카온은 하이에나 무리보다 두 배 이상 많은 약 30~40마리가 함께 생활하며 사냥한다.

치악력이 센 것은 분명 장점이며 살아가는 데 아주 중요한 요소要素가 될 수 있다. 그러나 그것만 가지고는 성공하기 힘들다. 하이에나는 치악력도 좋지만 지구력持久力도 강하다. 또한 짐승의 썩은 고기도 다 먹어 치워도 아무 문제가 없을 정도로 튼튼한 위장도 가지고 있다. 거기에다 무리도 이루고 살고 있다. 그래서 아직까지도 아프리카 사바나의 강자로 남아 있는 것이다. 그런데 이런 하이에나를 리카온이 물리칠 수 있다는 것이다. 그것은 힘을 합쳐서 효과적效果的으로 대응對應하기 때문에 가능可能한 일이다.

간혹 개인個人이 가지는 장점보다는 환경環境의 영향이 더 중요重要할 때가 많다. 자신의 능력能力만으로 이룰 수 있는 것은 적거나 한계限界가 있을 수 있다. 이제 장점 하나만 믿지 말고 주변 환경의 도움도 받고 협력도 해 나가며 살아갈 필요가 있다.

이렇게 하는 것이 가장 효율적인 방법이 되기 때문이다.
물론 끊임없는 자기계발自己啓發은 필수항목必須項目이다.

코끼리가 높이뛰기를 하지 않는 이유는

 육상동물 중 가장 거대한 몸집을 자랑하는 코끼리는 걷거나 뛸 수는 있어도 점프는 하지 못한다고 한다.
 그런데 그런 이유 때문에 코끼리가 단점短點이 있는 동물로 비칠까 봐 걱정스럽다. 왜냐하면 코끼리는 장점長點이 아주 많은 동물이며 최강最强의 힘을 가졌기 때문이다.
 코끼리에게는 천적天敵이 거의 없다. 만약 있다면 그것은 인간이 될 것이다.

따라서 천적이 없는 코끼리에게 점프는 의미意味 없는 행동行動이 된다. 코끼리는 높이 올라갈 필요도 없고 도망치다 벼랑사이를 점프할 필요도 없다.

덩치가 크기에 조용하고 편안便安하게 살다 죽게 되므로 다른 기술技術이나 특기特技를 필요必要로 하지 않는다.

어떻게 보면 특기나 기술은 작은 동물에게나 필요한 능력能力일지도 모른다. 개미는 덩치가 작지만 힘이 세고 높은 데서 떨어져도 죽지 않으며, 벼룩은 높이뛰기 왕이며, 캥거루는 멀리뛰기를 잘한다. 펭귄은 육지와 바다를 오가며 수영솜씨를 뽐낸다.

이렇듯 약한 동물들은 살아남기 위해 부단不斷히 자기만의 특기를 연마硏磨한다.

그런데 코끼리는 그렇지 못하다.

만약 코끼리가 점프를 잘한다고 가정假定해 보자.

아마도 서커스단에서나 필요한 비장秘藏의 무기인지는 몰라도 살아가며 점프를 한다는 것은 코끼리에게 아주 위험한 행동行動이 된다. 거대한 몸집 때문에 관절關節이 부러지거나, 염증炎症으로 고생하다 육식동물의 먹잇감으로 전락轉落할 수 있기 때문이다.

코끼리는 평생 먹으면서 체중體重을 불려 나간다.

그러므로 코끼리 무리 중에 우두머리를 알아내는 가장 쉬운 방법은 가장 체중이 많이 나가는 나이 든 코끼리를 찾는 것이다.

이렇듯 죽을 때까지 체중을 늘리며 사는 코끼리는 그것이 그들만의 생존방식生存方式인 것이다.

필요 없는 특기나 기술을 지니려고 하는 것은 위험한 발상發想이다. 그것은 자기본연自己本然의 장점을 살리지 못할 수도 있기 때문이다.

북극곰은 육상에 서식(棲息)하는 육식동물 중 가장 무거운 동물이다.
보통 체중이 700kg~1t가량 나간다.
이런 북극곰이 다이어트를 해서 날씬해졌다고 가정해 보자.
그러나 날씬해진 북극곰은 오래 살지 못하고 죽게 될 것이다.
왜냐하면 작은 덩치로는 두꺼운 얼음을 깨서 바다표범 등을 사냥할 수도 없고, 추운 겨울을 버틸 만한 두꺼운 지방층脂肪層도 없기에 굶어 죽거나, 얼어 죽게 되기 때문이다.

과거에 뚱뚱했는데, 다이어트를 엄청나게 해서 날씬해진 개그우먼의 말이 기억난다.
"살이 빠져서 좋았는데, 인기도 빠져서 고민이에요."

그러므로 쓸데없는 장점을 찾으려는 노력보다 있는 장점을 더 살릴 필요가 있다.
필요 없거나 맞지 않는 장점을 더 가지려고 하는 것은 오히려 가지고 있는 장점을 희석稀釋시킬 수 있는 비효율적非效率的인 것이 될 수도 있기 때문이다.

침팬지와 인간, 무엇이 비슷할까

인간과 닮은 점이 많은 유인원類人猿의 대표 격인 침팬지

침팬지들의 권력투쟁權力鬪爭을 보면 형제兄弟간에 일어나는 경우가 많다. 이에 반해 마운틴고릴라의 경우는 부모자식父母子息 간에 권력투쟁이 일어난다.

이처럼 침팬지와 고릴라의 권력투쟁은 사자처럼 외부 침탈자侵奪者로 인해 일어나지 않고, 내부에서 일어난다. 그래서 권력투쟁은 심각한 싸움을

초래招來하지는 않는다. 다만 상대적 우위優位의 힘을 보여줌으로써 상대방의 굴복屈服을 받아내는 것으로 끝낸다. 권력투쟁에서 밀려난 왕은 뒷방 늙은이가 되고 그저 소리 없이 조용히 살다 죽어야 한다. 이 또한 사자의 방법方法과는 다른 것이다. 사자의 경우 피 튀기는 전투戰鬪를 벌인 후 한쪽이 죽거나 혹은 심한 상처傷處를 입고 쓸쓸히 무리를 떠나게 된다. 그러나 침팬지의 권력투쟁은 가족관계家族關係이기에 피를 보지 않는 상황에서 명예혁명名譽革命이 일어나는 것이다. 그래도 다행인 것은 사자와는 달리 밀려난 왕도 무리를 떠나지 않고 같이 살 수 있다는 점이다. 가족이기에 권력만 빼앗고 목숨을 살려주는 배려配慮를 한 것이다.

인간도 과거過去 권력투쟁을 보면 침팬지나 마운틴고릴라와 다를 게 없었다. 다만 무리를 이뤄 살아가는 일반인들은 권력투쟁을 하지 않고 웃어른을 공경恭敬하며 모시고 살아간다. 이런 점에서 인간이 다른 동물과 구별되는 것은 사실事實인 것 같다.

그런데 요즘 침팬지나 마운틴고릴라보다도 못한 인간들이 있다. 어른을 공경하기는커녕 쫓아내거나 위험에 빠지게 하는 경우가 빈번頻繁히 발생發生하고 있기 때문이다.

인간은 동물처럼 힘으로 상대방相對方을 굴복시키지 않는다. 특히 가족家族일 때는 더욱 그렇다. 그런데도 돈의 힘에 이끌려 패륜悖倫을 저지르는 일이 종종 일어난다.

인간으로서 반성反省해야 하는 문제問題이다.

침팬지는 힘이 세지만 약한 이유는

침팬지는 사람과의 동물이다. 하지만 힘은 사람보다 약 6배 더 강하다고 한다.

키는 약 1~1.7m이며 몸무게는 45~80kg 수준水準이다.

수명壽命은 약 60년이다.

얼핏 보면 구한말舊韓末에서 1960년대를 살았던 우리나라 사람들의 표준標準 사이즈를 보는 듯하다. 그러나 이렇듯 체구體軀가 크지 않은데도 힘은 사람보다 더 세다고 하니 그저 놀라울 뿐이다.

왜 그럴까?

침팬지의 힘을 주로 팔로 측정測定하는 경향傾向이 있기 때문이다. 침팬지는 대부분 나무를 타고 생활하기 때문에 손아귀의 힘과 팔 근육이 발달發達했다. 그래서 사람보다 힘이 센 것이다. 그 힘이 어느 정도인가 하면 사과를 한 손으로 잡아서 즙을 낼 수도 있을 정도라니 실로 엄청나지 않을 수 없다.

그러나 재미있는 건 팔 힘이 세도 사람처럼 역기力器를 들거나 공을 세게 던질 수는 없다는 점이다. 역기를 들거나 공을 던지는 것은 온몸을 써서 힘을 내야 하는데 침팬지는 그렇게 하지 못하기 때문이다.

이에 반해 사람은 침팬지에 비해 팔 힘이 약하나 온몸의 힘을 균형均衡 있게 사용使用할 줄 안다. 그래서 투수가 되기도 하고 홈런타자가 되기도 한다. 또한 엄청난 무게의 역기도 들 수도 있다. 이것이 가능한 것은 허리와 상체 그리고 다리의 힘을 복합적複合的으로 활용活用해 힘을 발산發散하기 때문이다.

침팬지는 사람처럼 서서 걸어 다닐 수 있다. 그러나 오랫동안 걸을 수는 없다. 다리 힘이 부족不足하기 때문이다. 따라서 아무리 힘이 센 침팬지일지라도 축구선수가 될 수는 없을 것이다.

우리는 힘을 측정測定할 때 오로지 팔 힘만으로 하지는 않는다. 그래서 축구, 야구, 배구, 골프 등 다양한 스포츠가 존재存在하는 것이다.

그럼에도 우리의 교육教育은 팔 힘만 측정하듯 공부로만 평가하고 있다. 이는 팔 힘만 센 침팬지를 만들어내는 교육과 다를 바가 없다. 침팬지가 할 수 있는 것이라고는 팔 힘 쓰는 것밖에 없는데, 우리의 교육이 아무 짝에도 쓸모없는 사람을 만들어 내는 것은 아닌지 한 번쯤 생각해 볼 필요가 있다.

개에게 하루 세 끼를 주지 않는 이유는

오랫동안 인간과 친숙親熟하게 살아온 동물, 개!

사람은 하루에 세 끼를 먹는데 유독 개는 두 끼를 먹는다.
개는 왜 하루에 두 끼만 먹는 것일까?
사실 우리나라 사람들도 과거에는 하루에 두 끼를 먹었다. 조선시대朝鮮時代 일반 백성들이나, 양반, 그리고 임금님 또한 하루에 두 끼를 먹었다. 즉 아침밥과 저녁밥만 먹었던 것이다. 그래서 개 역시 사람과 함께 하루에 두 끼를 먹었던 습관習慣이 지금까지 이어져온 것이다. 지금은 점심까지 포함하여 세 끼를 먹지만, 예전의 점심點心은 한자에서도 볼 수 있듯이 마음에 점을 찍듯이 간단한 간식間食을 먹는 것에 불과했다. 농부農夫들이 새참을 먹거나 다과茶果를 먹거나, 허기虛飢를 채우거나 요깃療飢거리 정도로 먹었던 것이다. 이런 식생활은 임금님 또한 예외例外가 아니었다. 다만 임금님은 아침 수라상水剌床 전에 기상起牀 전 침소寢所에서 먹는 죽이나 미음같이 부드러운 자릿조반을 먹고 점심때는 국수 같은 낮것을 먹었으며 저녁 수라상 이후 야참을 먹었으니 정식 밥은 두 번뿐이며 간식을 포함包含해 총 다섯 차례에 걸쳐 식사食事를 했다고 한다.[8]

  그러던 것이 해방 이후 생활이 윤택潤澤해지면서 점심까지 세 끼를 먹게 된 것이다. 이러한 끼니의 변화變化는 몸에 영양을 충분히 공급供給하면서 한국인의 체격體格과 체형體型을 발달시켰다. 그런데 두 끼를 먹던 과거 대비對比, 노동량勞動量이나 활동량이 적은 현대인들이 세 끼를 먹는 것은 과영양상태過營養狀態에 빠지게 만든다. 그로 인해 비대肥大해진 몸은 더 게을러지는 악순환惡循環을 반복하니 건강健康은 더욱더 나빠지게 된다. 따라서 격렬激한 활동을 하는 육체노동자를 제외하고는 점심을 가볍게 먹는 습관習慣이 필요할 듯하다. 마치 조선시대의 간식間食을 먹었던 것처럼….

  인간은 소화효율消化效率이 맹수猛獸에 비해 상당히 낮다. 그래서 자주 더 먹어야 하겠지만, 그래도 하루 중 먹는 데 소요되는 시간이 차지하는 비중이 큰 것이 사실이다. 물론 먹는 재미가 인생의 최대 낙일 수도 있으

---

8 물론 저녁에 먹는 다과(茶果)까지 합치면 총 6회.

니 뭐라 하긴 힘들지만 과다過多한 영양섭취營養攝取의 행위行爲가 단지 스트레스 해소解消의 일환一環이 되어버린 것 같아 아쉽기만 하다. 한편 너무 많이 먹기도 하지만 빨리 먹기도 해서 짧은 시간에 다량의 음식을 먹을 수밖에 없는 악순환을 만들기도 한다.

그러니 앞으로는 가끔 점심을 건너뛰거나, 식사를 적게 할 필요가 있고, 가급적 지금보다는 조금 더 천천히 먹는 습관習慣이 필요할 듯하다.
그래야 더 맛을 음미吟味할 수 있지 않을까?
그리고 한 끼의 식사에 할애割愛되는 몇분도 안 되는 짧은 시간을 넉넉하고 길게 할 필요가 있는 이유로 그렇게 하면 한국인의 성급性急함과 조급躁急함도 자연스럽게 사라지게 할 수 있을 것 같아서이다.

오리가 못하는 것은

오리는 걷기도 하고 뛰기도 하며 날기도 하고 물 위에 떠서 수영도 한다. 이러한 다양한 장점을 가진 오리지만, 그 어느 것 하나 잘하는 것은 없다. 걸을 때 뒤뚱뒤뚱 걸으니 잘 걷는다고 말할 수도 없고 뜀박질도 빠르지 않다. 그리고 날기는 하나 얼마 못 날며, 수영을 하기는 하나 거의 떠 있는 수준으로 효과적인 영법泳法을 구사驅使하지 못한다.

젊은 시절은 혈기왕성血氣旺盛한 시기이다.
혈기가 왕성하다는 것은 급하고 참을성이 없다는 뜻이다. 한편 무한無限한 에너지를 뿜어내는 활력活力을 가졌다는 뜻이기도 하다.
혈기왕성한 사람이란 젊은 사람이라는 뜻이다. 나이가 들어가며 자연스럽게 생긴 현명함은 혈기가 왕성하지 않아서 생긴 품성品性일 수 있다.

그런데 만약 혈기왕성한 젊은이에게 현명함까지 요구한다면 어떤 결과結果가 나타날까?

혈기왕성함은 물론, 여기에 침착沈着함과 현명賢明함을 요구要求한다는 것은 무리한 주문일 수도 있다.

사람마다 혈기왕성한 시기가 있고 현명해지는 시기가 따로 있다. 그럼에도 불구하고 모두를 겸비兼備하라는 것은 너무 완벽完璧한 사람을 추구追求하려는 욕심에서 실현가능성이 미미微微한 요구를 하는 것으로 밖에는 보이지 않는다.

왜냐하면 선택選擇과 집중集中이 보편적普遍的인 것을 추구하는 것보다 훨씬 더 효율적效率的이기 때문이다.

물론 성장하면서 현명함을 갖출 필요는 있다.

그러나 젊은이에게 현명함을 자꾸 요구하는 것은 마치 뜨거운 물에 차가움을 겸비하라고 하여 미지근한 물이 되라는 억지와도 같은 주문注文이 될 수도 있다. 그런데 미지근한 물로는 어디에도 제대로 쓸 수가 없다. 세수밖에 할 수 없을 것이다.

만약 어진 마음을 가진 유비에게 용감함과 현명한 지략智略을 겸비하라고 주문했다면 어떻게 되었을까? 그렇게 되었다면 관우, 장비나 제갈량은 존재할 필요가 없어진다. 그러면 촉蜀나라도 건국建國하지 못했을 것이다.

물론 절대 그럴 수는 없다. 따라서 인자仁慈한 유비, 현명한 제갈량, 용감한 관우와 장비가 따로따로 존재하고 있어야 하며 함께 힘을 모아야만 삼국통일을 지향指向할 수 있는 것이다.

그런데도 우리는 자꾸만 '모두를 겸비한 오리'가 되라고 주문한다.

어려서부터 이것저것 안 해 본 것이 없다.
어려서부터 학원의 연속이다.
많은 경험을 쌓는 것은 중요한 일이지만, 필요 이상의 무리한 경험은 오히려 독이 될 수 있다.

미국의 한 TV프로그램에서 생겼던 일화逸話를 예로 들어보자.
일반 미국인들에게 달팽이관에 대해 아느냐고 묻는 실험實驗이었는데, 놀랍게도 대부분의 미국인들은 달팽이관이 무엇이며 어디에 있는지 그리고 어떤 기능機能을 하는지 전혀 몰랐다.
만약 우리들에게 똑같이 물어봤다면 어떤 결과가 나왔을까?
분명 우리들 중 대부분은 중학교 생물시간에 배운 기억을 떠올리면서 '그것은 귀 안쪽에서 듣기를 담당하는 청각기관聽覺器官으로 달팽이집처럼 생겨서 달팽이관이라고 부른다' 라고 말했을 것이다.

'태권도의 강국 한국에는 어린이와 선수 외에는 태권도를 배우는 사람이 별로 없다'라는 말을 상기할 필요가 있다.

슈퍼 오리를 만들려는 세상을 경계警戒하며…
무리한 요구가 낳는 어처구니없는 결과를 배제排除하며…

닭은 왜 솜털이 없을까

*chicken down*이 없는 이유

 덕다운duck-down과 구스다운goose-down은 있어도 치킨다운 chicken-down은 없다. 왜냐하면 닭에는 솜털이 없기 때문이다. 솜털이 있고 없고 차이는 생활환경에서 비롯된다. 겨울철에도 물가에서 생활해야 하는 오리와 거위는 체온體溫을 유지維持하기 위해 솜털이 생겼다. 이로 인해 추위를 막고 물 위에 뜨는 기능까지 갖추게 된 것이다.

이처럼 혹독酷毒한 겨울을 나는 동물들은 대개 솜털을 가지고 있다. 북극에 사는 북극곰도 솜털로 체온을 유지한다. 늑대와 여우, 그리고 아무르 호랑이 또한 예외가 아니다. 일본에 사는 원숭이도 솜털로 5개월 이상의 눈보라치는 매서운 추위 한복판에서 겨울을 난다.

이에 반해 닭은 지상에서만 생활한다. 그래서 솜털이 없는 것이다. 어렵고 힘든 환경은 그것을 헤쳐 나갈 수 있는 힘을 준다. 그러므로 어려움이 닥치더라도 자신을 무장武裝하고 강하게 만들 시험대試驗臺라고 생각하여 굳건히 헤쳐 나갈 필요가 있다.

초원草原의 최강자였던 몽골이 원나라를 세우며 농경문화農耕文化에 적응適應해 가면서 점차 유목생활遊牧生活의 용맹성勇猛性을 잃어버려 망하게 된 결과를 한 번쯤 상기想起해 볼 필요가 있다.

코알라가 잠을 덜 잤다면

코알라는 오스트레일리아에 사는 동물로 곰같이 생긴 동물이다.
 그러나 곰은 아니고 유대목有袋目의 코알라과 동물이다. 유대목이란 판다처럼 불완전한 상태狀態로 태어나 육아낭育兒囊 속에서 자라는 동물을 말한다. 2㎝도 채 되지 않는 작은 새끼가 어떻게 어미젖을 먹을까 걱정되

지만, 어미는 유축기乳畜機처럼 젖을 분비分泌해 키운다고 하니 걱정은 안 해도 될 것 같다.

코알라는 크기가 60~80㎝이고 무게는 10kg가량 되며 수명은 약 20년 정도이다.

코알라가 먹는 주식은 유칼립투스 나뭇잎이다. 유칼립투스는 오스트레일리아 산림의 대부분을 차지(약 75%)할 정도로 흔한 수목樹木으로 약 350여 종이 있고, 그중 코알라가 먹을 수 있는 종류는 29여 종이 된다고 한다. 그런데 이 나뭇잎에는 알코올 성분과 탄닌 성분成分이 들어 있어 코알라를 하루 중 20시간을 자게 만든다.

마치 술에 취해 자는 취객醉客처럼….

그래서 20년을 살아도 눈을 뜨고 있는 시간이 3.3년에 불과하다. 그나마도 이 시간의 대부분은 유칼립투스 잎을 먹는 데 사용한다.

영장류靈長類가 아니면서
인간처럼 지문指紋이 있는 유일한 동물 코알라!

그런데 단 한 번뿐인 인생을 대부분 잠으로 허비虛費하는 코알라의 삶은 행복幸福할까?

인간도 하루에 8시간 정도 잔다. 잠은 생명유지에 필수불가결必須不可缺한 요소要素이지만, 너무 많은 잠은 오히려 피곤을 해소解消하지 못한 채 또 다른 잠을 부르는 악순환을 초래招來한다.

성공하는 사람들 중에 잠을 많이 자는 잠꾸러기는 없는 듯하다. 그러므로 지나친 잠을 줄이고 활력을 위한 움직임이 필요하다. 그리고 나서 열정熱情을 다해 하루를 보냈을 때 쏟아지는 잠은 달콤하기 그지없을 것이다. 마냥 누워서 잠을 재촉하는 것보다….

따라서 적당한 잠과 알맞은 움직임이 생활의 만족滿足을 불러올 수 있다. 그리고 잠을 통제統制하는 사람만이 모든 일에 좋은 결과를 가져올 수도 있다는 점을 인지認知할 필요가 있을 것 같다.

나무늘보가 잡아먹히지 않는 이유는

 나무늘보는 가장 느린 동물 중에 하나이다.
 약육강식弱肉强食의 세계에서 나무늘보처럼 너무 느리면 잡아먹힐 수도 있겠으나 오히려 그렇지 않다. 아마존의 원시부족原始部族들조차도 나무늘보는 사냥하지 않는다고 한다. 나무늘보를 잡아먹게 되면 자신들도 게을러지게 될 것이라는 미신迷信이 있기 때문이다.

이렇듯 나무늘보에게 있어서 느린 것은 생명을 잃게 만드는 단점이 아니라 생명을 연장延長시켜 주는 장점이 된다.

그런데 빠른 동물과 느린 동물 중 과연 누가 더 오래 살까?

빠른 동물이 더 오래 살 것으로 판단되지만 실제로는 느린 동물이 더 오래 산다는 통계統計가 있다. 식물 또한 느리게 성장하는 것이 훨씬 더 오래 산다. 동물에서는 거북이가 그렇고 식물에서도 삼나무의 경우가 그렇다. 거북이는 심장박동心臟搏動이 느려서 오래 산다는 이론理論이 있다. 식물이 동물보다 오래 사는 이유는 계속 성장하기 때문이라는 이론도 있다.

성장이 멈춘 뒤 수명壽命을 측정測定하는 방법方法이 있다고 한다. 동물이든 식물이든 다 자란 다음에 그 자랐던 기간의 약 5배를 수명으로 한다는 것이다.

인간은 20세 전후까지 자라므로 약 80년에서 100여 년을 사는 것이다. 삼나무의 경우 계속 자라기 때문에 수명을 측정할 수 없을 만큼 수천 년을 산다.

빠른 것이 나쁘지는 않다.
그러나 모든 방면方面에서 빠른 것을 추종追從해서는 안 된다.
모두가 빠르다면 느린 것의 아름다움을 느낄 수 없기 때문이다.

개성個性이 존중尊重되는 사회社會이다.
다양한 개성個性은 살 만한 사회를 이루는 환경을 만든다.

그러므로 사회와 인생이 기록記錄을 단축短縮하는 경기가 아니기에 느림과 빠름 모두가 존중尊重받아야 하지는 않을까?

그리고 성장이 멈춘다는 것은 그 순간부터 죽어간다는 뜻과 같다.
따라서 지속적인 성장을 해야 한다.
인간은 비록 20세 전후에서 육체적 성장은 멈췄으나, 정신적 성장을 지속해야만 한다.
정신적 성장은 바로 열정이다.
따라서 매사에 열정을 꽃피울 필요가 있다.

이렇듯 나무늘보에게 있어서 느린 것은 생명을 잃게 만드는 단점이 아니라 생명을 연장延長시켜 주는 장점이 된다.

그런데 빠른 동물과 느린 동물 중 과연 누가 더 오래 살까?

빠른 동물이 더 오래 살 것으로 판단되지만 실제로는 느린 동물이 더 오래 산다는 통계統計가 있다. 식물 또한 느리게 성장하는 것이 훨씬 더 오래 산다. 동물에서는 거북이가 그렇고 식물에서도 삼나무의 경우가 그렇다. 거북이는 심장박동心臟搏動이 느려서 오래 산다는 이론理論이 있다. 식물이 동물보다 오래 사는 이유는 계속 성장하기 때문이라는 이론도 있다.

성장이 멈춘 뒤 수명壽命을 측정測定하는 방법方法이 있다고 한다. 동물이든 식물이든 다 자란 다음에 그 자랐던 기간의 약 5배를 수명으로 한다는 것이다.

인간은 20세 전후까지 자라므로 약 80년에서 100여 년을 사는 것이다. 삼나무의 경우 계속 자라기 때문에 수명을 측정할 수 없을 만큼 수천 년을 산다.

빠른 것이 나쁘지는 않다.
그러나 모든 방면方面에서 빠른 것을 추종追從해서는 안 된다.
모두가 빠르다면 느린 것의 아름다움을 느낄 수 없기 때문이다.

개성個性이 존중尊重되는 사회社會이다.
다양한 개성個性은 살 만한 사회를 이루는 환경을 만든다.

그러므로 사회와 인생이 기록記錄을 단축短縮하는 경기가 아니기에 느림과 빠름 모두가 존중尊重받아야 하지는 않을까?

그리고 성장이 멈춘다는 것은 그 순간부터 죽어간다는 뜻과 같다.
따라서 지속적인 성장을 해야 한다.
인간은 비록 20세 전후에서 육체적 성장은 멈췄으나, 정신적 성장을 지속해야만 한다.
정신적 성장은 바로 열정이다.
따라서 매사에 열정을 꽃피울 필요가 있다.

나무늘보의 수영실력은

펭귄은 날거나 뛰지 못하지만 수영을 잘한다.
아니, 날거나 뛰지 못하기 때문에 수영을 잘하게 된 것이다.
나무늘보는 육상에서 시간당 1km도 이동하지 못할 정도로 느림보이지만 물에서는 빠른 편이다. 그나마 수영은 잘하기 때문이다.
앨버트로스는 날고 있을 때가 가장 멋있다.
그러나 착륙着陸하면 긴 날개 탓에 뒤뚱거리며 걷는 것이 영 볼품없게 보인다.

성공하는 사람은 자신의 장점을 본다.
단점이 많은 사람도 장점은 있기 마련이다.
그리고 누구에게나 장점이 있기 때문이다.
다만 그것을 모르거나 자신의 장점에 만족滿足하지 않았을 뿐.
단점과 장점 모두 자신을 이루는 부분이다. 좋다고 마냥 끼고 살 수 없고 나쁘다고 무작정 버릴 수도 없는 것이다.
사람들은 하잘것없는 물건을 보고 쓸모없다고들 한다.
그러나 이는 잘 모르고 하는 말이다. 쓸모없는 것이 아니라 쓸 줄 모르는 것이기 때문이다.
훌륭하지 않은 것도 쓸 만하게 만드는 기술이 필요한 시기이다.
어려울 때나 힘들 때 언제나 희망希望을 잃지 않기를 바라면서….

태즈메이니아데빌은 왜 악마인가

호주의 남동부 태즈메이니아섬에서만 서식棲息하는 태즈메이니아데빌 Tasmanian devil은 주머니너구리라고 불리기도 하는 귀여운 동물이다. 그런데 귀여운 외모外貌와 달리 이름이 좀 특이特異하다.

이렇게 귀엽게 생긴 동물에게 왜 악마라는 이름을 붙인 것일까? 데빌을 처음 본 영국 이주민들은 날카롭게 울부짖는 울음소리에 소름 끼치는 두려움으로 경악驚愕했으며 살아있는 동물을 사냥해서 먹지 않고 사체死體만을 파먹는 습성 때문에 사악한 악마惡魔 같은 동물이라 하여 데빌이라고 불러왔다고 한다.

이런 태즈메이니아데빌은 사냥을 하지 않고 죽은 사체만 먹기에 몸에서 나는 냄새가 심하다. 악취惡臭로는 스컹크 다음으로 냄새가 심하게 나는 동물이다.

아무튼 귀엽게 생겼지만 난폭亂暴한 행동과 잔인殘忍한 식성 등으로 악마라는 타이틀을 지니고 있다.

그런데 이러한 생명력이 강한 동물이 요즘 멸종滅種의 위기에 처해 있다고 한다. 1990년대 약 20여 만 마리에서 현재는 1만여 마리 밖에 남지 않은 것이다. 멸종의 원인은 바로 안면顔面에 발생하는 암癌 때문이다.

데빌이 안면암에 걸리는 정확正確한 이유는 아직까지 밝혀지지 않고 있으나, 친밀감의 표시로 서로 얼굴을 물어뜯거나, 먹이다툼이나 짝짓기를 할 때, 물고 뜯기에 상처가 나고 그로 인해 감염感染되어 발생한 것은 아닌지 의심하고 있다고 한다.

아마도 사체만 먹는 습성習性 때문에 입 안에는 항상 나쁜 균菌이 서식하고 이로 인해 감염되지 않았을까 하는 추측推測만 할 뿐이다. 그리고 학계에서는 태즈메이니아섬은 육지나 기타 섬으로부터 떨어진 외딴 곳이고 이런 섬에서도 남부 일부에서만 한정적限定的으로 생활하기에 제한制限된 서식지에서의 근친교배近親交配 등으로 면역력免疫力이 떨어진 것이 아닌가 의심疑心하기도 한다. 아무튼 여러 가지 이유로 태즈메이니아데빌은 멸종滅種 위험에 놓여 있다.

흔히 잘못된 습관習慣과 행동이 파멸破滅이라는 무서운 결과를 가져오는 경우가 많다. 또한 시작은 미미微微했으나 결과는 돌이킬 수 없는 재앙災殃을 가져오는 경우도 있다 가벼운 친밀표시에서 시작해서 과도過度한 친밀표시로 잘못 발전發展해 서로 물어뜯는 행동, 그리고 쉽고 편한 근친교배 등이 멸종의 원인原因이 될 수도 있는 것처럼….

이처럼 무심결에 빚어지는 작은 잘못된 행동이 습관이 되고 이러한 행동들이 모여 운명運命을 결정決定할 수 있으니 항상 작은 행동과 태도態度도 가볍게 넘길 일이 아닌 것이다. 나쁜 습관習慣은 쉽게 몸에 배게 되지만 시간이 지나면 떨쳐낼 수 없는 경우가 많다.

그래서 나쁜 책을 읽지 말고 좋은 책을 읽으라는 조언助言은 틀린 말이 아니다. 나쁜 기운이 나도 모르는 사이 내 속에 침투浸透해 버리기 때문이다.

따라서 항상 좋은 기운만을 가지려는 노력이 필요하다.
왜냐하면 인간은 한없이 나약하고 유혹誘惑에 잘 빠지는 경향傾向이 있기 때문이다.

벌거숭이두더지쥐는 왜 땅속에서만 사는가

몸에 털이 없어 붙여진 이름, 벌거숭이두더지쥐
일명 뻐드렁니쥐

이 동물은 몸에 털도 없고 땀샘도 없다고 한다. 특히 피하지방皮下脂肪이 거의 없기에 자체적으로는 체온조절능력體溫調節能力이 없다. 인간은 털만 없을 뿐 땀샘과 피하지방이 있고 특히 옷을 입을 수 있기에 온도조절이 가능한 항온동물恒溫動物이지만, 이 동물은 그럴 수 없어서 거의 변온동물變溫動物에 가깝다. 그래서 아프리카 동북부에 서식하면서도 온도溫度가 일정한 땅속에 살아가야만 하는 운명을 가졌다.

그런데 포유류이면서 파충류(爬蟲類)처럼 항온이 아닌 변온적 특성을 가진 이 동물의 수명은 놀랄 만하다.

수명은 약 30년으로 지상에서 서식하는 다른 설치류들보다 7~8배를 더 산다. 보잘것없는 외형에 무수한 단점만 보이는 이 동물은 어쩔 수 없이 지하의 세계로 쫓겨 살 수밖에 없는 운명을 가졌지만, 그로 인해 대신 수명이 증가(增加)했다는 것은 시사(示唆)하는 바가 크다. 즉 자신의 처지가 비록 무능하고 비참(悲慘)하다 해도 자신만의 장기(長技)를 살린다면 의외의 좋은 결과를 가져올 수도 있다는 것이다.

어떠한 생명도 필요 없는 것은 없다. 단지 쓰임을 모르는 것일 뿐. 몸도 불편하고 외모(外貌)도 인상적이지 못하며 대인관계(對人關係)도 부족한 사람이 집 안에 틀어박혀 살기만 하다가 위대한 작가가 되거나 현명한 투자가(投資家)가 된 경우를 종종 볼 수 있다.

워런 버핏이 월가에 살지 않고 주식(株式)이나 금융(金融)과는 동떨어진 시골(네브래스카주)에 살면서도 최고의 투자자가 된 사실에 주목(注目)할 필요가 있다.

소니 회장은 어려서부터 병약해서 건강의 중요성을 깨닫고 항상 건강하게 살았으며, 자신이 배운 것이 없어서 늘 배움을 갈구(渴求)해 누구 못지않은 식견(識見)을 갖추었고, 가난하게 태어났기에 돈의 중요성을 알게 되어 오늘날의 소니를 이룩했다는 점도 기억(記憶)할 필요가 있다. 그에게 있어 병약(病弱)한 신체, 무식, 가난은 걸림돌과 멍에가 아니라 훌륭한 교육원천(敎育源泉)이 되었던 것이다. 그러므로 자신의 처지를 비관(悲觀)하지 말고 성장(成長)의 토대(土臺)로 삼을 필요가 있다는 것이다.

선악개오사 善惡皆吾師
선한 것과 악한 것은 모두 나의 스승이다

모두 나에게는 가르침을 주는 스승과도 같은 존재이기 때문이다. 착한 것을 보면 따라 하고 싶어지고 악한 것을 보면 따라 하고 싶지 않게 되기 때문이다.

세상에서 가장 작은 알을 낳는 타조

　타조는 수컷 한 마리가 암컷 4~5마리와 교미하여 암컷 한 마리당 6~8개의 알을 낳고 부화孵化시킨다고 한다.

　타조알은 조류鳥類의 알 중에 가장 크다.
　일반 달걀의 약 30배 정도 된다고 하니 그 크기를 짐작할 수 있다. 지름은 약 16㎝, 무게는 약 2kg 내외이다. 껍질은 대용량의 내용물을 담기 위해 단단하고 두껍다.
　이 단단한 껍질을 깨고 나오는 일은 엄청난 시련試鍊이기에 새끼들은 태어나면서부터 강인強靭한 체력을 겸비하게 된다. 성체가 되면 강력한 허벅지와 두 발로 시속 90km의 속도로 달리는 타조는 키가 약 2m 이상 되고 체중은 150kg 이상 나가기에 천부적天賦的으로 자신을 보호할 수 있는 조건들을 구비하고 있다. 특히 웬만한 동물보다 가죽이 두껍고 질긴 편이다. 타조들은 이러한 강인한 조건과 질긴 생명력으로 웬만한 추위나 더위는 물론 척박瘠薄한 사막 등지에서도 살아남을 수 있다. 그래서 후기 백악기白堊紀인 7,000만 년 전부터 지금까지 살아남을 수 있는 동물이 된 것이다.

다시 타조알로 돌아가 보자. 타조알과 관련해서 재미있는 사실이 있다. 타조는 조류 중 가장 큰 알을 낳지만, 체중과 크기에 비하면 조류 중에서 가장 작은 알을 낳는다는 점이다.

흔히 우리는 남들의 평가로 우쭐대거나 그로 인해 만족하는 경우가 있다. 남들이 보았을 때 엄청난 성과를 나타냈기 때문이다. 그러나 자신의 잣대로 봐야 한다. 실제로 자신은 무한한 잠재력이 더 있음에도 남들의 평가로 이내 만족하고 더 이상의 발전과 계발을 하지 않고 있는지 냉철하게 판단할 필요가 있다. 남들의 평가만으로 주저앉아 버리는 것을 '녹슨 잠재력潛在力'이라 부르고 싶다.

올림픽에서 금메달을 따면 대개 은퇴隱退하는 경향이 있다. 쇼트트랙에서 할리우드 액션을 보여줘 우리에게 악동 이미지가 큰 미국의 안톤 오노라는 선수가 있다. 그는 올림픽 전 종목에서 메달을 따냈다.[9] 그러나 그는 올림픽 메달을 딴 것에 만족하지 않고 동계올림픽 4회 연속 출전이라

---

9 올림픽에서 금2, 은2, 동4, 세계선수권대회 금8, 은7, 동6의 메달을 따냈다.

는 금자탑金字塔을 쌓았다. 이는 캐나다의 샤를 아믈랭Charles Hamelin과 같은 기록이다. 우리나라에는 안현수(빅토르 안)라는 선수가 있다. 2006년부터 올림픽에 나와 러시아로 귀화歸化하여 소치에서 부활復活하고 2018년 평창올림픽에도 나오려고 했으나 국가도핑 건으로 참가參加하지 못했지만 그의 기록은 대단하다.

〈안현수의 메달 기록〉

대회	금	은	동
올림픽	6	0	2
세계선수권	20	10	5
세계 팀선수권	2	3	1
유럽선수권	7	2	2
아시안 게임	5	1	0
유니버시아드	3	0	1
주니어 세계선수권	1	0	0
합계	44	16	11

(자료: 네이버 나무위키)

이러한 결과가 나온 것은 바로 잠재력을 녹슬게 하지 않고 끝까지 모두 다 써버렸기 때문은 아니었을까?

기러기 중 리더는 누구인가

기러기는 항상 V자로 날아간다.

이는 바람의 저항抵抗을 최소화하기 위한 전략戰略이라고 한다.

앞서가던 기러기는 온갖 저항을 무릅쓰고 앞장서서 뒤따라오는 기러기들이 공기와 바람의 저항을 많이 받지 않게 하며 힘을 비축備蓄시켜 준다. 그러다 앞서가던 기러기가 지치면 뒤에 있는 기러기가 그 자리를 대신하면서 날아간다. 또한 아프거나 다친 기러기가 발생했을 때, 간호看護하는 기러기만 남겨두고 나머지는 여행旅行을 계속 한다고 한다. 물론 간호하던 기러기는 아프거나 다친 기러기가 다 나으면 함께 뒤따라간다.

이렇듯 기러기는 전략가이며 협동심과 동료애同僚愛가 아주 강한 새이

다. 누구나 앞장서는 리더가 되기도 하고 누구나 조력助力하는 조직원組織
員이 되기도 한다.

그런데 만물萬物의 영장靈長인 인간은 다르다.
인간은 모두 리더만 되려고 한다.
어린이들에게 장래희망將來希望을 물어보면 대통령, 의사, 박사, 장군 등 모두 리더의 위치에 해당하는 사람이 되겠다고만 한다. 그러나 모두가 리더가 될 수 없기에 그것은 한낱 꿈에 불과한지도 모르겠다.

한국인은 "유모차를 끈다" 라고 표현表現한다.
반면 일본인은 "유모차를 민다" 라고 말한다.
"乳母車うばぐるまを 押す : 우바구루마오 오스"
분명 유모차는 끄는 것이 아니라 미는 것임에도 우리는 표현에도 리더의 마인드를 심어 놓았다. 놀랍고 재미있는 현상이다.

교육은 모두를 '머리'로 만드는 계획計劃이 아니다.
만약 모두가 머리가 되려고 한다면 몸통과 팔다리가 없는 동물을 그려야 한다. 그런데도 우리의 교육이 머리가 많이 달린 동물을 그려내라고 가르치는 것 같아 씁쓸하다.

지구상에 벌들과 개미들이 아직까지도 건재健在한 이유가 공동체 생활共同體生活을 했기 때문이다. 즉 각자 맡은 임무任務를 충실充實하게 수행隨行했기 때문이었다는 것을 명심銘心할 필요가 있다.

비둘기가 야생능력을 잃어버린 이유는

비둘기는 인간과 가장 친한 조류이다.

비둘기는 장거리 비행능력飛行能力은 물론 방향감각方向感覺과 귀소본능歸巢本能이 뛰어나 옛날부터 전서구傳書鳩[10]로 사육飼育되었고, 길들이기가 쉬워서 현재까지도 마술사들이 마술도구로 자주 사용하는 새가 되었다. 그래서 길거리는 물론 공원 등에서도 사람을 무서워하거나 피하는 비둘기들은 극히 드물다.

---

10 군대에서 통신으로 활용하기 위해 훈련한 비둘기를 칭하는 말.

조류가 인간과 가깝게 지낸다는 것은 상당히 어려운 일이다.

조류는 포유동물哺乳動物처럼 길들이기가 어렵기 때문이다. 그러나 어느 순간부터 비둘기는 우리와 친해졌고 우리 주변에서 마치 애완동물愛玩動物처럼 함께 살아가고 있다.

그리고 인간이 주는 먹이와 인간이 남겨놓은 음식물들을 섭취攝取하며 생활하고 있다.

그런데 만약 비둘기에게 먹이를 주지 않거나 음식물 잔반殘飯 등을 남겨 주지 않는다면 비둘기는 어떻게 될까?

굶어 죽을까?

비둘기는 원래 야생野生의 동물이었다.

따라서 스스로 먹이를 찾을 수 있으며 편안하지 않는 야생에서의 척박瘠薄한 삶을 헤쳐 나가며 살아온 동물이다.

그러나 지금은 이러한 야생의 본능이 사라진 지 꽤 오래되어서 관심과 보호가 없어진다면 아마 살아가기 힘들지도 모르겠다.

우리는 종종 자기의 능력을 과소평가過小評價하거나 미지의 세계가 두려워 모험冒險이나 도전挑戰을 기피忌避하는 경우가 많다. 이러한 잘못된 판단判斷과 두려움은 일을 처음부터 해 보지도 않게 하여 실패失敗하게 만든다.

실패의 대부분은 실행實行하지 않아서 생긴 결과이기 때문이다. 만약 실행만 했더라도 어느 정도 성공할 수 있고 또 실패했더라도 그 실패 속에서 교훈敎訓을 얻어 다시 실행한다면 성공 확률確率을 더 높일 수도 있었을 것이다. 그러므로 두려워하지 말고 도전해 볼 필요가 있는 것이다.

그런데도 우리는 익숙한 길을 선호選好하는 경향傾向이 있다. 그러나 익숙해지면 생활하는 데 편해지겠지만, 그것이 오히려 발전發展을 가로막는 유일唯一한 적敵이 될 수 있다는 점을 간과看過해서는 안 된다. 익숙해지면 반복되는 일 외에 아무것도 할 줄 모르는 바보가 되기 때문이다.

따라서 다소 생소生疏하겠지만, 도전을 통해 새로운 성취成就를 느껴보고 생활의 활력을 가져올 필요가 있다.
그래야 삶의 가치와 질質을 향상向上시킬 수 있다.

이제부터라도 가끔은 자주 다니던 길이 아닌 낯선 곳으로 가보는 것도 필요할 것 같다.

대머리독수리는 왜 대머리가 되었나

대머리독수리는 왜 대머리가 되었을까?

대머리독수리는 목이 길고 대머리인 것이 특징特徵이다.
왜 그럴까?

대머리독수리는 원래 목이 짧고 머리에 털이 많았다고 한다.

그런데 동물의 사체를 파먹고 살아가야 하기에 최적화最適化된 변화變化가 필요했다고 한다. 즉 목이 길어야 사체 속에 머리를 깊숙이 파묻고 고기를 뜯어먹을 수 있다. 그리고 깃털이 없어야 머리를 빼낼 때 피나 기타 살점을 머리에 묻히지 않고 할 수 있다.

그래서 목이 유난히 길고 대머리가 된 것이다.

그런데 사람들은 이러한 대머리독수리를 미워하는 경향이 있다. 왜냐하면 다른 독수리처럼 멋진 모습이 아니라 머리(깃털)가 빠지고 목이 긴 볼품없는 모습을 하고 있기 때문이다.

그러나 대머리독수리는 보기와는 달리 유용有用한 역할을 한다.

살아있는 동물을 먹는 것이 아니라 죽은 동물만을 먹기 때문에 그렇게 잔인殘忍하지도 않다. 그리고 동물의 사체 등 쓰레기를 치우는 셈이니 청소활동淸掃活動으로 환경보존環境保存에 이바지하는 역할을 하기도 한다. 그러므로 목이 길고 대머리이며 비겁하게 짐승의 썩은 고기만을 먹는다는 놀림의 대상이 아니라 오히려 칭송稱誦의 대상對象으로 바꾸어야 하지 않을까?

이제 그 누가 대머리라고 놀릴 수만 있겠는가?

황제펭귄은 강추위 속에서 어떻게 살아갈까

남극의 대표적인 동물인 펭귄!

면적面積 1,400만 ㎢의 남극南極, 이곳에도 다양한 생명체가 살고 있다. 남극의 황제펭귄들은 영하 60°C의 추위와 시속 100km의 강풍强風, 그리고 눈보라를 이겨 내기 위해 서로 가까이 뭉쳐 지낸다.

털이 있으나 추위를 막기엔 너무나도 빈약貧弱함을 이미 알고 있기에 서로 무리를 지어서 허들링[11]을 하면서 사는 것이다.

양들은 추운 겨울에도 서로 떨어져서 지낸다.
혼자 지내도 견딜 만한 많은 털을 보유했기 때문이다. 그러나 함께 어울려 지냈더라면 한결 더 따뜻한 겨울을 보냈으리라….

사회는 자기만 생각하는 사람들 때문에 각박刻薄해지고 남을 생각하는 사람들 덕분에 그래도 살 만한 곳이 된다.

남이 편해지는 사회!

따라서 이제부터 내가 편해지는 행동보다 남이 편해지는 마음과 행동을 느꼈으면 한다.

---

11 허들링(huddling): 펭귄들이 서로의 체온으로 추위를 극복하기 위해 달팽이처럼 돌면서 끊임없이 서로 자리를 바꾸는 행동.

동물들이 배부르면 더 이상 먹지 않는 이유

인간을 제외한 동물들은 배가 부르면 더 이상 먹지 않는다. 왜 그런 것일까?

그것은 바로 생존을 위한 방편方便과 관련이 있다. 사냥을 하는 맹수猛獸가 살이 찌면 달릴 수가 없다. 몸집이 커져 둔해지기 때문이다. 사자를 보면 쉽게 알 수 있다. 수사자는 엄청난 덩치 때문에 민첩하지 못해서 사냥은 거의 하지 않는다. 대신 날렵한 암사자가 사냥을 대신하는 것이다. 다만 수사자는 무리를 지키거나, 커다란 짐승을 사냥할 때만 나선다. 그래서 맹수들이 살이 찔 정도로 먹지 않는 것이다. 또한 배가 부른 상태에서 달리기는 힘드니 자연스럽게 사냥을 삼가고 휴식休息을 통해 소화를 시킨다.

그러나 겨울잠을 자는 곰 등은 예외이다.
동면冬眠 전에 지방축적脂肪蓄積을 해야만 겨우내(3~4개월 내외) 아무것도 먹지 않고 견딜 수 있기에 가을 동안에 배가 불러도 최대한 많이 먹어둔다. 그런 상태로 겨울을 나고 겨울잠에서 깨어나면 곰의 체중은 전에 비해 절반까지 내려간다. 사냥에 아주 적합할 정도로 날렵하고 민첩해지는 것이다. 이런 점은 포식동물이 아닌 피식동물도 마찬가지이므로 배가 터지도록 많이 먹지 않는 것이다.

표준 이상標準以上의 덩치(살)를 가지면 몸이 둔해져서 이동하거나 도망칠 수 없게 된다. 그래서 배가 부르면 더 이상 먹지 않는 것이다. 단, 덩치가 아주 큰 코끼리나 바다코끼리 등은 예외이다. 큰 덩치가 포식자를 물리치게 하는 힘이 되기 때문이다.

한편 인간은 저장貯藏할 수 있는 것이 있기에 욕심을 부리고 과잉축적過剩蓄積을 한다. 냉장고나 화폐貨幣등이 바로 그것이다. 그러나 장기보관長期保管을 통해 지속적으로 먹는 것이 아니라 한 번에 배가 터지도록 먹는 이유는 설명이 되지 않는다. 아마도 이는 사회생활에서 오는 극심極甚한 스트레스의 해소방편解消方便은 아니었을까?

수컷이 암컷보다 큰 이유는

    고등동물高等動物 중 대다수는 수컷이 암컷보다 크다. 가끔 코끼리나 하이에나 같이 모계사회母系社會를 이루는 동물만이 암컷이 수컷보다 클 뿐이다. 사자의 경우 수컷이 암컷보다 약 1.5배 이상 더 크고 바다코끼리의 경우는 암컷이 약 500kg인 데 반해, 수컷은 3t에 가까워 무려 6배 가까이 더 크다. 그 밖의 사슴이나, 염소, 소 그리고 개나 고양이도 수컷이 크다. 자연계自然界에서 몸집이 큰 이유는 그것이 생존전략生存戰略의 하나이기 때문이다.

    커다란 몸집은 무리와 영역領域을 지킨다. 또 그것은 경쟁자競爭者들과의 싸움에서 승리勝利하게 하며 사냥을 통해 굶지 않게 만드는 것이다. 그래서 사자 무리의 우두머리는 수컷이기에 덩치가 큰 것이라고 볼 수 있다. 반면, 코끼리나 하이에나 무리의 우두머리가 암컷이기에 덩치가 큰 것이다.

그렇다면 인간의 경우를 살펴보자.

과거 인간도 남성이 여성보다 약 10% 정도 더 컸다고 한다. 그런데 현대사회를 거치면서 여성이 남성보다 큰 경우가 많이 발생하고 있다. 자연계의 동물 세계에서는 절대로 있을 수 없는 일이다. 결코 암컷이 수컷보다 클 수는 없다.

사자 암컷이 수컷보다 큰 경우를 본 적이 있던가?

그럼 왜 이런 현상이 일어난 것일까?

인간은 동물 중 유일하게 배가 불러도 먹는 습성이 있다. 대부분의 동물들은 배가 부르면 그만 먹고 휴식을 취하나, 인간은 그렇지 않다. 지속적으로 식탐食貪을 낼 수 있으며 따라서 이러한 결과結果로 인간의 여자가 남자보다 더 큰 사례가 빈번頻繁해지고 있는 것은 아닐까 하는 의구심이 들기도 한다. 물론 그 점 때문만은 아닐 것이다. 그리고 또 계속 여자가 남자보다 더 커지게 되기라도 하면 혹시 원시사회처럼 부계사회에서 모계사회로의 전환이 되는 것은 아닐까 하는 재미있는 상상想像도 해 본다. 그런데 이런 생각이 드는 것은 과연 지나친 기우杞憂일까?

아무튼 남자이고 여자이고 모두 식탐을 줄일 필요가 있어 보인다.

야생동물보다 사육동물이 더 오래 사는 이유

동물들은 야생에서보다 사육상태飼育狀態에서 더 오래 산다. 야생에서의 삶은 항상 스트레스가 많고 충분한 영양을 섭취攝取하지 못하기 때문이다. 또 야생에서의 삶은 치열함 그 자체이기에 그런 긴장緊張 속에서의 삶은 평온平溫한 삶보다 오래 지속될 수는 없는 것이다. 또한 야생에서는 포식자의 위협威脅 속에서 단명短命할 가능성도 아주 농후濃厚하다.

이에 반해 사육을 할 경우 야성野性을 잃을지는 몰라도 스트레스가 덜 쌓이고 충분한 영양 섭취가 가능하며 아플 경우 치료治療가 가능하기에 야생에서보다 많게는 두 배가량 더 오래 사는 것이다.

이처럼 삶은 휴식이 동반同伴되지 않을 때 위험해진다. 따라서 적당한 휴식과 안정安定이 그 무엇보다도 중요하다. 오래 사는 것이 삶의 진정한 목표는 아니지만, 단명 또한 삶의 목표目標가 될 수 없듯이 장수長壽해야 뜻을 펼칠 수 있는 기회를 더 가질 수도 있는 것이다. 따라서 팽팽한 줄은 끊어지기 쉽기 때문에 조금 느슨할 필요가 있다.

휴식이 필요한 이유가 여기에 있는 것이다.

동물이 추워지면 가장 먼저 버리는 것은

가장 먼저 동상이 걸리는 부분은 어디일까?

　우리 몸은 추워지면 상대적으로 생명유지와 가장 관계없는 부위部位에 피를 보내지 않게 하여 동상凍傷에 걸리게 한다. 그리고 보내지 않은 피로 중요한 부위의 체온體溫을 유지시켜 생명生命을 지켜낸다. 이런 행위는 뇌腦에서 명령命令을 내리는 것이 아니라 우리 몸이 자동으로 알아서 이뤄지는 현상現象이다.

그렇다면 신체 중 생명 유지와 가장 거리가 먼 부위는 어느 곳일까?

인간의 생명과 직접적 관련關聯이 있는 곳은 머리와 몸통이다. 그리고 상대적으로 중요하지 않는 부분은 손과 발이다. 따라서 손과 발이 동상에 걸리게 된다.

그런데 의학적 사실 중 재미 있는 것은 남성의 경우 성기性器가 가장 먼저 동상에 걸린다는 점이다.

이런 현상은 종족보존種族保存의 목표보다도 우선 자신의 생명을 지키는 것이 더 중요하다는 것을 의미한다.

낚시바늘에 걸린 물고기가 잡히는 이유는 바늘에 낚인 입에 연연戀戀해서이다. 반면 위험危險에 빠진 도마뱀은 꼬리를 잘라버리고 도망쳐서 목숨을 부지扶持한다.

지금은 어려운 시기이다.

그래서 모두 다 가지려고 한다면 생명을 버려야 하는 일이 발생할 수도 있다. 따라서 버려야 할 것은 무엇이며 생명연장生命延長을 위해서 필요한 것은 또 무엇일까?

한 번쯤 깊이 고민해 볼 문제이다.

입과 항문이 만들어지는 순간

정자精子는 난자卵子와 결합(수정), 그리고 난할卵割을 하면서 착상着床을 하게 되고 체세포분열體細胞分裂을 통해 점차 우리 몸이 만들어진다. 또 시간이 지나면서 점차 신체의 각 부분 및 장기 등이 만들어지게 되는데, 우리 몸의 입구와 출구 역할을 하는 입과 항문도 이때 만들어진다.

입과 항문의 결정은 인위적人爲的으로 하는 것은 아니지만, 일단 입과 항문으로 정해지면 평생 그 역할을 수행隨行하며 살아가야만 한다.
입은 평생 맛있는 것을 섭취攝取하고 말을 하고 세상과 소통疏通하며 살아간다.

반면 항문은 평생 변기便器와 마주하며 배설排泄하고 세상과 소통하지 않고 살아가게 된다.

입은 밝음이요, 항문은 어두움이다

그렇다면 평생 무엇으로 어떻게 살아가야 할까?

입과 항문은 자기의 운명運命을 자신이 알아서 결정할 수는 없었겠지만, 인간은 태어나서 자신의 운명만큼은 자신이 개척開拓할 수도 있기에 노력이라는 것이 반드시 필요해 보인다.

공룡은 얼마나 오래 살았을까

흔히들 몸집이 큰 공룡恐龍이 멸종滅種한 원인原因으로 환경에 적응하지 못했기 때문이라고 비유比喩하며, 경쟁에서 밀려 멸종되지 않으려면 새로운 환경에 적응適應해 나아가도록 준비하는 것이 현명하다고들 말한다.

그런데 사실 공룡은 2억 2,800만 년 전인 트라이아스기부터 살았으며 쥐라기, 백악기白堊紀를 걸쳐 지구의 주인主人이 되었고 약 6,500만 년 전에 멸종했다. 즉 오랜 기간 동안 멸종되지 않고 살아왔던 동물이다.

과연 지구상에 무려 1억 6,300만 년 동안 멸종되지 않고 살아왔던 동물이 있었을까?

그리고 앞으로 그 이상의 기간 동안 멸종하지 않은 채 살아갈 수 있는 동물이 과연 존재할 수나 있을까?

현재 지구의 주인인 인간은 앞으로 어느 정도 생존生存할 수 있을까?

아마도 공룡만큼 오래 존재할 동물은 없어 보인다.

학자들은 머지않아 인간이 지구에서 멸종될 가능성이 높다고 보고 있다.

지구에서 멸종은 총 5차례 있었다고 한다.

최초 4억 4,300만 년 전, 1차 대멸종을 시작으로 2억 4,500만 년 전 3차 대멸종 시기에는 생물 종 95%가 멸종했고, 6,500만 년 전 5차 대멸종 시기에는 공룡이 멸종했다.

이처럼 멸종의 주기周期는 점점 빨라져 6차 멸종에는 인간이 그 대상이 될 수 있다고 학자들은 경고警告하고 있다.

그런데 멸종을 피할 수 있는 방법은 무엇일까?

만약 외부적 충격에 의해 멸종이 온다면 이는 피할 수 없겠지만, 번식에 실패해서 멸종이 오게 된다면 이는 피할 수 있을 것이다.

바로 지속적으로 번식에 성공하면 되기 때문이다.

그런데 인간의 존엄성尊嚴性을 잃어가면서 번식에만 성공하는 것은 무슨 의미가 있을까?

지구의 미래는 로봇이 지배하는 사회가 될 것이라고 예견豫見하는 학자들이 많다.

로봇 또한 번식(생산)할 수 있다.

그럼에도 불구하고 존엄성을 부여하기 힘들기에 번식에 커다란 의미를 부여할 수는 없다.

따라서 번식보다 중요한 가치는 존엄성의 유지維持이다.

인간에게 있어 존엄성이란 바로 인격人格을 말한다.

인격은 인간을 최고의 가치價値로 승화昇華시키는 기술技術이다.

대식가 코모도왕도마뱀의 열정은

　도마뱀은 몇 백 그램의 무게에서 물왕도마뱀처럼 30kg이 넘는 초대형超大型까지 여러 종류種類가 있다. 만약 도마뱀이 30kg이상 나간다면 인간은 그 크기에 압도壓倒당할 것이다.

　도마뱀 중에 최고로 큰 것은 인도네시아 코모도 섬에 서식하는 코모도왕도마뱀일 것이다. 무려 그 길이가 3m나 되고, 무게는 최고 165kg까지 나간다고 한다. 그리고 자기 몸무게의 80%까지 먹는 대식가大食家인 코모도왕도마뱀은 커다란 물소도 사냥한다. 이 도마뱀의 침에는 다양한 독성 분毒成分이 있어 웬만한 동물은 한번 물리면 치명상致命傷을 당하게 된다.

가죽은 물론 뼈나 발굽, 뿔까지 먹어 치우는 이 도마뱀은 약 50여 년을 살며, 놀랍게도 수컷과의 교미 없이도 처녀생식處女生殖으로 종족種族을 번식할 수 있다고 한다.

코모도왕도마뱀의 이러한 생명력은 엄청난 식욕食慾에서 비롯된다.
인간이든 동물이든 식욕이 떨어지면 죽게 된다. 그러므로 건강한 사람은 무엇이든지 잘 먹고 그렇지 않은 사람은 제아무리 좋은 음식이라도 먹지 못한다. 식욕이 왕성旺盛하다는 것은 활동력이 강하다는 것이다. 즉 이것은 의욕意慾을 말하는데, 인간으로서 의욕이라 함은 열정熱情을 의미意味한다. 그러므로 열정이 없다는 것은 식욕이 없다는 것과 일맥상통一脈相通하며 식욕이 없다는 것은 오래 살지 못한다는 뜻이기도 하다.

인간에게 있어 열정은 생명력이다. 만약 그것이 없거나 약하다면 마치 죽은 것과 다름없으니 매 순간 열정을 다할 필요가 있다.

시베리아 네발가락도롱뇽은 냉동동물

 도롱뇽은 전 세계적으로 560여 종이 서식한다. 그중 우리나라에도 서식 중인 네발가락도롱뇽은 한 번에 약 100여 개의 알을 낳는데, 홍수와 가뭄을 판단해 알의 위치를 다르게 하는 현명함을 보여준다고 한다.

 홍수가 날 경우에는 알이 떠내려가는 것을 방지하기 위해 돌이나 수초水草에 단단히 붙여 놓는다. 그리고 가뭄이 예상되면 알이 메마르는 것을 방지하기 위해 물속 깊이 알을 낳는다. 비록 파충류이지만, 이런 놀라운 판단력은 새끼를 보호하며 종족번식의 임무를 완성完成하게 해준다.

 시베리아에 사는 네발가락도롱뇽은 얼음 속에서 겨울을 난다. 영하 40°

C 이하에서 생명 유지를 위한 최소한最小限의 기능機能만 유지한 채, 혹한酷寒의 겨울을 보내며 봄과 여름이 되기만을 엄청난 끈기를 가지고 기다린다.

그런데 네발가락도롱뇽은 어떻게 얼음 속에서 생명을 유지할 수 있을까? 그것은 바로 강추위 속에서도 동상으로 인해 세포가 괴사壞死되는 것을 방지防止하기 위해 혈액血液 속에 화학적으로 자연부동액自然不凍液을 생성해서 운용運用하기 때문이라고 한다. 그래서 혹한 속에서도 생명을 유지할 수 있는 것이다.

그리고 겨울이 지나 얼음이 녹으면서 생명가동장치生命稼動裝置를 켜고 다시 살아나 먹이활동을 하며 알을 낳는다. 이렇게 자기 임무를 완성한 도롱뇽은 다시 겨울을 맞이하여 얼음 속에서 생명절전기능生命節電技能을 작동시켜 동면冬眠을 하며 미래를 기약期約하게 된다.

한낱 미물微物 같아 보이는 도롱뇽의 이러한 놀라운 생명력과 종족번식 능력에 감탄感歎을 금禁하지 않을 수 없다.

우리 인간 또한 자녀를 낳고 기르면서 올바르게 살아가길 가르친다.
그런데 교육에 있어서는 다소 잘못된 길로 접어들게 하는 우를 범하는 듯하다.

그것은 바로 모든 자녀를 대학大學이라는 무한 레드오션으로 몰고 가면서 생존 경쟁력도 갖추지 못하게 하고 더 나아가 결혼까지 단념斷念케 해 종족 번식이라는 숭고崇高한 의무까지 저버리게 만들고 있지는 않은지 한 번쯤 생각해 볼 문제라고 본다.

(모든 동식물의 생존과 존재이유는 번식에 있다. 만약 번식에 실패한다면 존재가치는 영영 사라지게 되기 때문이다.)

대학을 가는 것은 모두 좋은 의도에서 시작하였으나, 다른 나라에 비해 너무나도 지나친 공부 위주의 대학진학은 획일화劃一化된 실업자를 양산量産해 내는 참담慘憺하기 그지없는 결과를 낳았다. 정말로 지옥地獄으로 가는 길은 선의善意로 포장包裝된 길이라는 말이 새삼 절실切實하게 느껴지는 것은 과연 이상한 감정일까?

이제 교육의 문제도 주변만을 의식하지 말고 보다 실질적으로 냉철冷徹하게 판단判斷할 필요가 있어 보인다.

반드시 공부만으로만 성공할 필요는 없기 때문이다.

모든 사람이 공부만으로 성공할 수도 없겠지만, 그래서도 안 된다.
세상에는 다양한 직업이 있기에 공부가 아니더라도 자신의 특기를 발휘할 수 있는 기회는 얼마든지 있다.
하지만 그 기회를 인식하지 못하고 허송세월虛送歲月만을 보낸다면 나중에 후회後悔라는 돌이킬 수 없는 넋두리만 남게 될 것이다.

킹코브라의 독은 약하지만

치명적致命的인 독을 가진 뱀은 적은 양으로도 피식자를 죽음에 이르게 한다. 한국의 대표적인 독사인 까치살무사(까치독사)는 맹독을 가져서 한 번 물리면 7발자국을 옮기기 전에 사망한다 하여 '칠점사'라고 불리기도 한다.

이 외에 독이 강한 뱀의 종류로는 방울뱀Rattlesnake, 데스애더Death Adder, 독사Viper, 블랙맘바Black Mamba 등이 있다.

세상에서 가장 강한 독을 가진 뱀은 피어스 스네이크Fierce Snake 또는 인랜드 타이팬Inland Taipan으로 한 입에서 만들어지는 110㎎으로 약 100명의 사람 또는 25만 마리의 쥐를 죽일 수 있다고 한다. 이는 코브라보다 약 50배 이상의 독성毒性을 가진다고 한다.

그런데 우리가 잘 아는 킹코브라는 그 독성毒性이 여느 독사毒蛇에 비해서는 매우 약하다고 한다.
그러나 독성이 약하다고 해서 걱정할 필요는 없다.
독성이 약하면 상대적으로 독을 많이 만들어내면 된다. 그러므로 킹코브라는 다른 독사보다 훨씬 많은 독을 주입注入하여 다른 독사와 마찬가지로 치명적인 공격을 한다.

뱀은 일반적으로 그 크기가 클수록 독이 없다. 한국의 구렁이가 그러하며, 아프리카의 보아뱀이 그렇다. 이러한 이유로는 굳이 독이 없어도 피식자를 질식窒息시켜 죽일 수 있는 강력한 힘이 있기 때문이다. 세계 최대 크기를 자랑하며 아마존에 서식하는 아나콘다도 독이 없다. 하지만 강력한 조이기 기술로 웬만한 동물들은 질식시켜 잡아먹는다. 한번 조이기 시작하면 피식자가 숨을 내뱉을 때에 맞춰 더 강력하게 조이니 사냥감은 살아남을 길이 없게 된다.

이처럼 작으면 작은 대로 치명적인 독을 무기로 가지고 크면 클수록 독 대신에 강한 힘을 가지게 되는 것이 세상 이치理致이니 힘이 없거나 작다고 하여 처음부터 실망失望할 필요는 없다.

그러므로 능력이 없거나 부족하다면 대신 다른 강점을 가질 수 있는 기회가 될 수 있으니 부단히 자기계발自己啓發에 힘쓸 필요가 있다.

비단뱀은 언제까지 자랄까

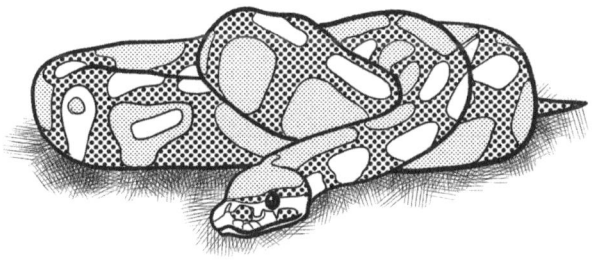

  비단뱀은 아나콘다나 보아뱀과 더불어 세상에서 가장 큰 뱀 중 하나이다. 다른 동물들은 태어나서 일정 기간이 지나면 성장을 멈추게 되는 데 반해 비단뱀은 평생 자란다고 한다.

  비단뱀은 야생에서 약 25년, 사육상태飼育狀態에서 약 30년을 산다고 하고 그 길이가 7m 이상이며 무게는 100kg이 넘는다. 그러나 변온동물이기에 따뜻한 온도와 영양공급營養供給이 지속적持續的으로 된다면 그 이상 자랄 수도 있을 것이다. 비단뱀의 화석化石을 보면 약 12m 길이에 1.2t의 무게로까지 나타난 점으로 미뤄볼 때 더 자랄 가능성이 있다는 것이다.

자연계에서 몸집의 크기는 생존능력을 배가倍加시킨다. 비단뱀은 비록 독이 없지만 강력한 근육筋肉의 조이는 힘과 무는 힘으로 피식자를 질식시키거나 치명상致命傷을 입혀서 사냥을 한다. 이렇듯 독毒 없이도 항상 사냥에 성공하는 것이다.

힘이 있다면 독은 필요 없다.

힘 있는 사람은 다른 것을 보여주지 않아도 존재 그 자체로도 품위品位를 지킬 수 있다. 힘이 약한 사람이 자신을 과시誇示하거나 포장하여 으스대는 법이다. 일례一例로 목도리 도마뱀은 목 주위의 목도리를 활짝 펴서 상대방을 위협威脅한다. 그런데 그 위협에 상대방이 움찔대거나 피하면 다행이지만, 무시하고 대든다면 목도리 도마뱀은 다음 행동을 한다. 바로 줄행랑이다. 허풍虛風이 통하지 않으니 어쩔 수 없는 것이다.

고기가 맛있다면 다른 양념이 필요 없듯이 지속적으로 자신의 능력을 키우고 인격을 수양修養해 나간다면 언젠가는 모두가 알아주지 않을까?

황소개구리보다 훨씬 큰 개구리는

언젠가 뱀을 잡아먹는 개구리가 소개紹介되었다. 개구리의 천적天敵이 뱀인데도 거꾸로 뱀이 잡아먹히는 이유는 엄청난 크기의 개구리에게 힘으로 밀렸기 때문이다. 이 개구리가 바로 황소개구리American Bull Frog이다.

황소개구리

황소개구리는 보통 500g 이상 나가는 육중한 몸을 가지고 있다. 이는 보통 개구리에 비해 약 10배 이상 큰 것이다. 그런데 놀라운 것은 이 개구리가 세상에서 가장 크지는 않다는 점이다. 서아프리카 카메룬에 서식하는 골리앗개구리Goliath Frog는 크기가 무려 70㎝ 이상, 무게는 3kg 이상 나간다고 한다. 황소개구리에 비해 5배 이상 큰 개구리이다.

골리앗 개구리

그래서 황소개구리는 이 개구리 앞에서 명함도 못 내민다.

그런데 이 개구리는 다른 개구리와는 달리 울음주머니인 명낭鳴囊이 없다고 한다.

울음주머니(명낭, vocal sac)

따라서 개구리 하면 떠오르는 울음소리를 골리앗 개구리에게서는 들을 수가 없다. 개구리는 멋지게 울어야 암컷을 얻을 수 있는데도 울지 못하는 것이다. 그럼에도 불구하고 이 개구리는 암컷을 어려움 없이 얻는다. 바로 강한 힘이 있기 때문이다. 울음보가 없지만 강력한 뒷다리근육으로 한번에 3m 이상 점프한다. 그리고 사냥 실력은 두말할 나위 없이 탁월卓越하다. 골리앗 개구리는 이러한 엄청난 힘 덕분에 굳이 울지 않아도 뽐낼 수 있다는 것이다.

약한 사람은 뽐내기를 좋아한다. 그러나 진정 강한 사람은 그럴 필요가 없다. 그렇게 뽐내지 않아도 누구나 알아주기 때문이다. 그런데 가끔은 황소개구리도 엄청난 놈이 나타나곤 한다. 무게가 무려 6㎏이 나가니 말이다. 기형적畸形的인 출생일지는 모르지만….

아무튼 세상은 묘하기 그지없다.

올챙이는 개구리가 될 줄 알았을까

올챙이는 몸통과 꼬리만 있다. 올챙이는 자라면서 뒷다리가 나타나고 이어서 앞다리가 생기면서 꼬리가 없어진다. 비로소 개구리가 되는 것이다. 올챙이에서 개구리로 변신變身한 개구리가 올챙이 적 생각을 하지 못한다는 근거根據는 없다. 다만 올챙이는 다리가 생기면서 개구리가 된 것은 기억記憶할 것이다. 다만 막상 개구리가 될 줄은 몰랐을 것이다.

모두가 처음에는 올챙이 시절時節을 보낸다. 그래서 다리가 나올 줄은 꿈도 못 꿨을 것이다. 하지만 꾸준히 살다 보면 어느새 개구리로 변해 있는 자신을 발견發見하게 된다.

언제 개구리가 될까 걱정하지 말자. 시간이 지나면, 그리고 열심히 살다 보면 누구나 개구리가 된다. 전혀 기대하지 않았지만 모두가 개구리가 되는 것이다.

아마추어는 언제 프로가 될까 걱정한다. 그러나 언젠가는 이러한 걱정을 하는 후배後輩에게 똑같은 말을 할 위치位置에 서 있게 된다.

"참고 기다리며 최선을 다해보면 돼."

상어가 냄새를 잘 맡는 이유는

바다의 포식자 상어!

상어는 부레가 없다.

따라서 평생 지느러미를 움직이지 않으면 바로 물에 가라앉게 된다. 이러한 고충苦衷은 상어를 힘들게 하지만, 그렇다고 크게 걱정할 필요는 없다. 다른 어류가 경골硬骨인 데 비해 연골軟骨로 되어 있고, 간도 비중比重이 가벼운 기름으로 구성構成되어 있어서 크기에 비해 무게가 덜 나간다고 하기 때문이다. 이러한 몸의 변화가 상어를 물에 잘 뜨게 만들어 준다.

상어는 후각嗅覺이 발달한 사냥꾼이다. 그래서 수 km 떨어진 먹잇감을 아주 미세微細한 피 냄새만으로도 감지할 수가 있다. 이런 능력은 넓은 바다에서도 쉽게 먹이를 찾아내게 해주기 때문에 생존능력은 매우 뛰어나다. 그래서 사람들은 이러한 상어의 능력을 평가할 때, 상어의 코가 가지는 뛰어난 능력 때문이라고 한다.

과연 이러한 판단判斷은 옳은 것일까?
청각聽覺이 발달한 동물의 대부분은 귀가 크다. 시각視覺이 발달한 동물 또한 눈이 여러 개이거나, 다른 동물에 비해 큰 경우가 많다.

그런데 귀가 크면 잘 들을 수 있는 것일까?
꼭 그렇지는 않다. 귀는 소리를 듣기 위한 집음장치集音裝置에 불과하다. 소리를 듣는 기관은 귀가 아니라 뇌腦에서 소리를 담당하는 부분이기 때문이다. 시각 또한 마찬가지이다. 마치 입이 크다고 소화를 잘하는 것이 아닌 것처럼….

동물 중 소화를 잘 시키는 염소나 양은 입이 커서 그런 것이 아니라 장이 다른 동물에 비해 훨씬 길고 발달했기 때문이다. 그러므로 상어의 후각 능력 또한 코가 발달發達해서가 아니라 뇌에서 후각을 담당하는 세포가 다른 동물에 비해 크게 발달했기 때문이라는 것이다. 결국 눈, 코, 귀는 하수인下手人에 불과하다. 감지와 판단과 지시는 뇌가 하는 것이다. 그럼에도 불구하고 사람들은 아직까지도 귀가 커서 잘 듣고, 코가 예민銳敏해서 냄새를 잘 맡고 눈이 커서 잘 본다는 착각에 젖어 있다. 정확한 판단을 할 때 방해妨害하는 것들이 너무 강렬強烈해서 그런지는 모르겠으나, 본질本質을 잘 파악把握할 필요는 있다. 그런데 우리의 눈과 귀를 막는 허상虛像 속에서도 올바른 판단을 할 수 있게 해주는 것은 지식과 경험經驗, 그리고 확고確固한 줏대이다.

따라서 이러한 능력을 키우지 않으면 항상 허상과 선동煽動에 끌려가기 쉽다. 허상과 선동은 판단을 잘못하는 사람에게는 강력한 믿음을 주기 때문이다.

황금잉어는 맛있다던데

잉어보다 화려한 색을 가진 황금잉어!

황금잉어는 황금색은 물론 초록색, 빨강색, 검은색 등 다양한 색을 가지고 있다. 이러한 화려華麗한 색 때문에 황금잉어는 보통 잉어와는 다르게 잡아먹히지 않고 관상용觀賞用으로 키워진다. 그리고 시간이 흐르면서 사람들은 보통 잉어와는 다른 색깔 때문에 먹으면 안 되는 것으로 인지해왔고, 또한 먹어봤자 맛이 없을 것이라는 생각을 가져왔다. 특히 입으로 먹는 먹잇감보다는 눈으로 보는 즐거움이 더 좋아서 그랬을 것이다. 그래서 이제는 황금잉어가 보통 잉어보다 훨씬 맛이 더 좋다고 아무리 홍보弘報를 해도 사람들은 믿지 않는다. 그만큼 색깔의 신비가 사람들의 호기심과 의심을 막고 신뢰信賴를 주었기 때문이다. 사실 붕어보다 금붕어, 잉어보다 황금잉어나 비단잉어가 더 맛있는데도 말이다. 송어도 황금송어가 더 맛있다. 다만 먹기가 꺼려질 뿐이다.

그것은 마치 기방妓房에서의 기생과 부엌데기의 역할이 엄연儼然히 다른 것처럼 색깔이 위엄威嚴을 주었기 때문이다.

사람은 어떤 색깔로 위엄을 갖춰야 하나? 색이나 외관外觀으로 해야 할까?

색이 중요한 것은 사실이나 그래도 사람은 황금잉어와는 달리 겉치장만 하는 색보다는 내면적인 인격이 우선되어야 한다. 그래야 진정한 위엄이 설 수 있다.

나이를 먹어도 인격이 모자라면 그 누가 어른이라고 부를 것인가?

코카콜라는 원래 녹색이었다고 한다. 심지어 노란색으로 만든 적도 있었다. 하지만 그때 판매량은 저조低調했다.

짜장면을 노랗게 만든다면 과연 맛이 있을 것처럼 보일까? 색은 미리 맛을 느끼게 해주는 힘이 있다. 그리고 우리의 생각 속에 색은 그 색이 가지는 고유固有한 맛과 매치되어 있다. 그래서 오랫동안 각인刻印된 색은 맛을 대변代辨하기에 다른 색으로 대체하면 같은 맛이지만, 전혀 다른 맛을 느끼게 해 꺼려지는 것이다. 코카콜라는 녹색에서 빨리 검정색으로 변화했고 오랫동안 우리 생각 속에 각인되어 그 고유의 맛을 느끼게 해 주고 있다. 각인된 이미지는 쉽게 바뀌지 않는다.

우리의 모습도 마찬가지이다. 나쁘거나 잘못된 인상이 각인되기 전에 빨리 바꿔야 하는 것이다. 잘못된 이미지 포지셔닝image positioning은 만들기는 쉽지만 지우기는 대단히 힘들어서 새롭게 좋은 것으로 다시 만들기는 더더욱 어렵기 때문이다.

만약 뒤늦게 뉘우치고 괄목상대刮目相對하려는 노력을 보인다 해도 그 길은 아주 험난險難할 것이며 설령 이룬다고 해도 시간적으로 볼 때 너무나 비효율적非效率的이기에…

오징어는 입으로 먹물을 쏘지 않는다

오징어는 자신이 위험危險해지거나 아니면 상대를 공격할 때 물이나 먹물을 쏘는데 이때 먹물을 쏘는 기관은 입이 아니라 '누두漏斗'라고 하는 곳이다. 누두는 입과 눈 위에 있다. 즉 먹는 곳과 공격하는 곳이 다르다는 것이다.

인간이 입을 가지고 먹기도 하고 상대를 공격하기도 하는 등 두 가지를 한꺼번에 하게 되는 데 반해 오징어는 먹는 곳과 공격하는 곳을 따로따로 운용運用하고 있는 것이다. 따로 있으니 분업分業이 잘 되어 입은 언제나 먹는 일에만 열중熱中할 수 있다.

그런데 인간은 먹고 공격하는 입을 가져서 운용의 편리便利함은 있으나, 자칫하면 더러운 입이 되어 먹을 때 위생衛生의 문제問題가 발생할 수 있다. 그래서 욕을 하면 안 되는가 보다.

건강을 위해서 언제나 깨끗한 입을 가져야 하기 때문이다.

깨끗한 입은 정직한 교육과 인격에서 비롯된다.
잘못된 교육과 잘못된 인격으로 빚어진 더러운 입은 욕만 하는 것이 아니라 잘못된 것(뇌물賂物 등)도 닥치는 대로 먹어 치우다 보니 결국 탈이 나게 된다. 잘못된 입에서 비롯된 화근禍根은 인간의 말년을 추하게 만들기에 항상 깨끗한 입을 간직할 필요가 있다.

오징어는 항문을 이고 산다

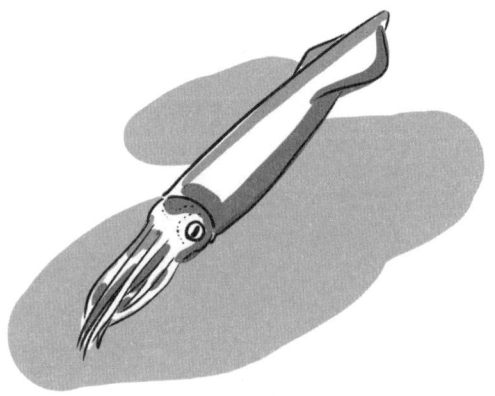

입은 언제나 항문에 우선한다. 그래서 인간에 있어 입은 얼굴에 있고 항문은 다리 사이에 있다. 그러므로 언제나 입이 우선이다. 동물들도 입은 대부분 항문보다 높거나 같은 위치에 있다. 이렇듯 입이 우선이고 항문은 그다음인 것이다. 그래서 입은 먹고 항문肛門은 배설排泄한다.

입은 언제나 남이 잘 볼 수 있는 곳에 위치位置하며 항문은 잘 보이지 않는 곳에 있다. 그리고 대부분의 동물들은 꼬리로 항문을 가린다. 그곳이 바로 치부恥部라고 생각하기 때문이다.

그런데 입보다 위에 항문을 가진 동물이 있다. 바로 오징어이다. 오징어는 다리와 팔 위에 입이 있고 몸통 속에 항문이 존재한다. 즉 항문을 이고 사는 것이다.

항문을 신줏단지 모시듯 애지중지愛之重之하는 오징어!

머리보다 몸통이 위에 있어 그런 것인데, 왠지 모르게 겸손謙遜한 동물이란 이미지를 떨쳐버릴 수가 없다.

겸손은 가장 현명한 자기방어自己防禦를 하거나 과시하는 표현表現이다.
힘이 약한 사람은 겸손을 통해 목숨을 부지扶持할 수 있고,
힘이 강한 사람 또한 겸손을 통해 존경尊敬을 받을 수 있기 때문이다.

참치는 뜨거운 물고기이다

대부분의 물고기들은 변온동물變溫動物이며 냉혈동물冷血動物이다. 즉 피가 뜨겁지 않은 동물이다. 따라서 각각 난류暖流와 한류寒流에 사는 물고기들은 각자 자기 영역에서 벗어나 살 수가 없다. 난대성 어류가 한대寒帶로 가면 피를 통해 체온을 유지해야 하는데 냉혈동물이라 몸을 덥힐 수 없기에 살 수가 없는 것이다.

그런데 대부분의 물고기와는 달리 참치는 더운 피를 가진 온혈동물溫血動物이다. 그래서 따뜻한 제주도 남방, 타이완 해협에서부터 차가운 일본 열도 서쪽으로 북상, 꽁치떼를 쫓아 일본 오오마大間의 쓰가루 해협(홋카이도와 혼슈 사이 해협)을 지나 태평양太平洋으로 나아가 산다. 또 일부는 열도列島 동쪽으로부터 쓰가루 해협海峽으로 북상하기도 한다.

이렇듯 참치는 따뜻한 바다에서 추운 바다까지 종횡무진縱橫無盡하며 살아가고 있는 것이다. 이는 참치만이 가지는 장점이 되기도 한다. 그래서 이러한 온혈동물인 참치를 잡을 때는 바로 피를 빼고 냉동 저장貯藏하여 신속하게 항구港口로 돌아온다. 오오마에서 참치잡이를 하는 일본 어부들은 주낙(나와즈리)이나 외줄낚시(잇뽄즈리)로 참치와의 사투死鬪를 벌일 경우 스트레스 등으로 체온이 올라간 상태 그대로 내버려두면 신선한 참치 살을 얻을 수 없기에 잡자마자 아가미, 내장內臟 등과 함께 피를 제거除去해 얼음에 재워 놓는다고 한다.

그런데 이렇듯 온혈동물의 장점을 가진 참치도 인간에게는 한낱 물고기에 지나지 않아 잡히자마자 해체解體되는 비운悲運을 맞이하게 된다.

그러므로 조그마한 장점이 있다 한들 커다란 힘 앞에서는 무용無用하다는 것을 늘 잊지 말아야 한다.

따라서 항상 조심하고 신중愼重한 자세와 행동이 필요하다.

파야라는 뱀파이어 물고기

뱀파이어 물고기라 불리는 파야라는 베네수엘라의 오리노코강 등 아마존 밀림 지역(地域)에 서식하는 육식성 물고기이다. 이 물고기는 10~15㎝에 달하는 날카로운 아랫니(송곳니)로 유명하다. 아랫니와 강한 턱, 그리고 커다란 혀로 자기 몸의 3분의 1 크기의 물고기를 통째로 삼킨다고 한다.

엄청난 식욕(食慾)을 자랑하는 이 파야라는 커다란 아랫니를 평상시 어떻게 보관(保管)할까? 너무 긴 이빨 때문에 항상 입을 벌리고 있어야 되는 것은 아닐까?

그러나 이런 걱정은 할 필요가 없다. 파야라는 입을 닫으면 아랫니가 빠져나갈 수 있도록 윗입술(위턱)에 두 개의 구멍이 나 있어서 상처傷處 없이 편안하게 입을 꽉 다물 수 있다. 이로 인해 잡은 물고기가 빠져나가지 못하도록 아주 강하게 물 수 있는 것이다.

이렇듯 장점은 보완책補完策이 있어야 그 가치價値가 빛난다. 아무리 장점을 가졌다고 한들 그것을 다스릴 수 있는 장치裝置가 없다면 무용지물無用之物이 되기 때문이다.

나의 장점은 무엇이며 그것을 잘 다스릴 수 있는지 그리고 그것을 잘 보완해주며 더 빛나게 해주는 것은 무엇일까? 이것은 장점을 가지는 것보다 더 중요한 문제일 것이다.

시클리드와 시노돈티스 페트리콜라는 어떤 관계일까

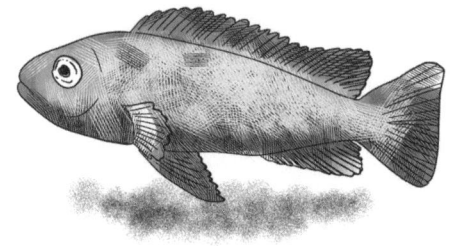

시클리드라고 하는 물고기는 특이한 방법으로 치어稚魚를 기른다고 한다. 바로 입 안에 알을 품고 치어가 될 때까지 기르는 것이다. 이런 육아 방법을 '구중부화口中孵化, Mouth Breeding'라고 한다.

시클리드는 약 한 달 동안 입 안에 알을 품고 먹이도 먹지 않은 채 알을 부화시키고 치어들을 입 밖으로 내보내는 강한 모성애를 가진 물고기이다.

그런데 이러한 육아 습성育兒習性을 이용하는 얌체 물고기들이 있으니, 그 이름은 시노돈티스 페트리콜라이다. 시클리드와 함께 아프리카 중부,

탕가니카호에 사는 시노돈티스 페트리콜라 라는 불리는 이 작은 메깃과의 물고기는 시클리드의 구중부화 습성을 이용하여 자기종족을 번식시킨다고 한다. 생긴 것은 귀여우나 하는 짓은 얄밉기 그지없는 물고기이다.

이 물고기는 시클리드가 산란産卵과 방정放精을 하기 전에 미리 시클리드 산란지 근처로 가서 재빨리 자신의 알을 먼저 산란하고 수정受精시킨 후 알들을 호수 바닥에 깔아 놓으면 시클리드가 자신의 알인 줄 알고 입에 품게 되는데, 이 때 부화속도가 시클리드 새끼들보다 빠르기 때문에 먼저 부화되어 시클리드의 입 속에서 시클리드의 알들을 다 먹어 치우면서 성장한다고 한다.

시클리드나 뱁새는 이러한 사실을 전혀 모른 채 원수 같은 새끼들을 키우니 참으로 억울하고 분하기 짝이 없을 것이다. 흔히 '낳은 정보다 기른 정'이란 말은 있지만, 기른 정도 매몰차게 잊어버리는 사실에 그것이 과연 헌신獻身인가 아니면 어리석음인가를 구분할 필요조차 없지만, 세상은 이런 어처구니없는 실상實狀 속에서 신음呻吟하는 경우가 많다.

어리석은 시클리드나 뱁새는 죽을 때까지 이런 진실을 모른 채 살아가지만, 인간은 다소 시간이 걸려도 이러한 부조리不條理와 부정不正을 인식認識하게 되니 잘못된 것을 바로잡으려 할 것이다. 하지만 너무 늦게 알아차리거나 자꾸 속는다면 시클리드나 뱁새와 다를 바가 없으니 항상 정신精神 똑바로 차리고 살아갈 일이다.

게거미는 최고의 매복사냥꾼

게거미는 외모가 바닷가의 작은 게와 비슷해서 붙여진 이름이다. 그 크기는 작으나 최고最高의 사냥기술을 발휘發揮한다. 보통 거미는 거미줄을 쳐서 곤충 등을 잡아먹으며 생활하는 것이 일반적一般的이나, 게거미는 그렇지 않다. 게거미는 꽃에 앉아 숨어서 매복埋伏을 하다가 꽃향기를 맡고 오는 벌이나, 파리 등을 잡아먹는다.

이렇듯 게거미는 거미줄을 치는 노력努力을 하지 않고 쉽게 먹이를 사냥하는 것처럼 보이나 사실은 그렇지 않다고 한다. 게거미는 자신의 색깔을 꽃잎의 색과 맞추며 사냥하지만 카멜레온처럼 그때 그때 환경에 따라 쉽게 몸 색깔을 바꾸지는 못한다.

그래서 보통 흰색 꽃에서 사냥을 하지만, 가끔은 노란색 꽃에서 사냥할 경우도 있다. 이때 게거미는 피부에 노란색 물질을 분비分泌하는데 며칠 이상 걸리는 노력을 하며 사냥 준비를 마친 후 자신의 몸이 노란색 꽃과 혼연일치渾然一致가 되었을 때, 비로소 매복사냥을 하는 인내심忍耐心을 보여주기도 한다.

이렇게 게거미는 사냥하는 데 맞는 전략을 구사하며 오랫동안 준비하고 인내한 결과 동물계에서 매복의 1인자가 되었다.

대부분의 실패失敗는 전략戰略과 충분充分한 준비가 없어서 생기는 경우가 많다. 실패하는 경우는 감感만 가지고 무모無謀하게 시작始作한다든지, 허욕虛慾에 넘쳐 남을 따라한다든지 하는 등 충분한 분석分析을 하지 않고 쉽게 대들기 때문이다. 거기에다 전문가專門家들의 다양한 의견 등도 고려하지 않고 독불장군獨不將軍처럼 저돌적猪突的으로 진입進入하기도 한다. 그래서 대부분 실패로 끝나게 된다.

주식투자株式投資에 실패하는 이유 중 가장 큰 것은 너무 쉽게 매입買入한다는 점이다. 그리고 너무 늦게 매도賣渡한다는 점이기도 하다. 사고자 안달이 난 상태狀態이기에 주식가치株式價值보다 높은 가격에 사고 나서 가격價格이 떨어지게 되면 본전 생각에 머뭇거리다 폭락暴落할 때 어쩔 수 없이 팔아버리니 주식으로의 성공은 처음부터 불가능한 일이 된다. 매수買收를 신중愼重하게, 매도를 과감果敢하게 해야 함에도 거꾸로 하니 말이다.

그러므로 새로운 일에 대한 도전挑戰을 설레는 마음으로 성급하고 쉽게 접근接近할 것이 아니라 오랜 기간 동안 철저徹底히 준비할 필요가 있다. 그럼에도 실패할 가능성이 있으니 더욱더 주의注意해야 한다.

꿀벌의 애처로운 이야기

평생 일을 하는 꿀벌은 1만여 마리에서 3만여 마리, 더 많게는 5만여 마리가 군집생활을 하며 여왕벌·수벌·일벌의 3계급으로 나뉘어 일을 한다고 한다.

애벌레 중 선택받은 여왕벌은 로열젤리를 먹고 자라나는데, 몸길이는 15~20mm이고 평생 알을 낳는다. 보통 하루에 천 여개, 많게는 3천 여 개를 낳으며 일생 동안 100만 개에서 200만 개를 낳는다고 한다. 그리고 수명은 약 5년 정도이다.

대개 5~10마리 내외의 수벌은 크기가 15~17mm이며 일벌과 달리 침이 없는 것이 특징이다. 수벌은 평생 일을 하지 않지만, 여왕벌과 교미한 후 죽게 되는 운명을 맞이한다.[12]

일벌은 몸길이가 12~14mm이고 평생 노역勞役에 시달리다 생을 마감한다. 수명은 더운 여름철에 태어난 꿀벌은 약 2개월, 서늘한 가을에 태어난 꿀벌은 6개월 정도이다.

일벌들의 일생은 다음과 같다고 한다.

일벌들은 태어나면서부터 벌집청소와 소독消毒, 육아育兒 등의 집안일內役을 하고 약 3주가 지나면 꿀과 꽃가루를 모으는 일外役을 한다.

일벌은 벌꿀 채집採集을 위해 꽃송이를 작게는 수백 송이에서 많으면 수천 송이를 찾아다니는 고된 노동을 한다. 일벌은 한번에 0.02~0.04g의 꿀을 수집하므로 하루 0.5g의 꿀을 모으려면 보통 10~20여 차례 벌집에서 나와 꿀을 채취採取하는 중노동重勞動에 시달려야 한다.

매일 중노동에 시달리다 기력氣力이 떨어지면 일벌은 벌집에서 보초를 서는 일에 종사從事하게 되고 이윽고 죽음이 임박臨迫하게 되면 벌집에서 가능하면 최대로 멀리 떨어진 곳으로 죽을 힘을 다해 날아가다가 떨어져 생을 마감하게 되는데, 이는 천적들에게 벌집의 위치를 알지 못하게 하기 위해서이다. 결국 꿀벌의 중노동은 생을 마감해야 끝나게 되는 숙명宿命을 가진 셈이다.

그런데 꿀벌은 왜 이토록 평생 노동만 하다가 죽는 것일까? 이들은 주어진 임무任務를 성실히 수행한다. 그것은 신성한 가치이며 거부拒否할 수 없는 사회적 임무이다. 그래서 여왕벌은 평생 알을 낳다가 죽고, 수벌은

---

12 수벌은 교미 후 생식기(生殖器)가 빠지면서 내장까지 떨어지기에 죽게 된다.

교미 후 죽고, 일벌은 평생 일하다가 죽는 것이다. 즉 모두가 중노동을 하다 죽는 것이다. 이러한 사회적 체념諦念은 꿀벌의 사회를 지금까지 지켜오게 한 원동력原動力이 되었다. 살아가면서 가끔 체념이 필요할 때가 있다. 이러한 체념은 자신에게 맞지 않는 옷을 바꿔 입게 되는 계기契機가 된다. 이것을 '건전健全한 체념'이라 부른다.

열심히 하는데도 공부를 꼴등 하는 사람이 체념하지 않고 공부에 매진邁進하는 것은 사회적 손실損失이다. 그에게는 공부가 아닌 다른 것, 즉 자신에 맞는 직업職業과 삶이 필요한 것이다. 평생 사법고시司法高試를 준비하다 청년기靑年期를 보내고 이제 50대 장년기壯年期를 맞이한 사람이 있었다. 그는 그동안 제대로 된 연애도 결혼도 그리고 변변한 직업도 갖지 못했다. 이것을 보고 과연 한 우물을 판 의지의 인간이라고 부를 수 있겠는가?

건전한 체념을 하지 않는 조직組織과 사회는 비능률非能率을 넘어 무너지게 된다. 그래서 이제 훌륭하고 건전한 체념을 통해 자기 삶을 가꿔야 하는 이유가 여기에 있는 것이다.

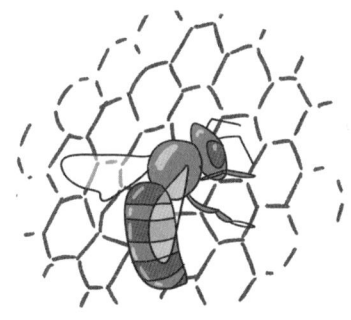

여왕개미의 혼인비행은 마지막 기회

개미들은 날개를 가지고 태어나지 않는다고 한다.
그래서 일개미들은 모두 날개가 없다.
다만 여왕개미와 수개미는 날개가 있다. 그러나 이는 단지 혼인비행婚姻飛行을 통해 교미를 하기 위해서이다.

여왕개미가 혼인비행을 하기 전, 많은 수개미들이 먼저 비행을 하여 여왕개미를 만나 교미할 준비를 하고 이어 여왕개미가 날아오르면 수개미들이 일제히 달라붙어 교미를 한다고 한다.
교미에 성공한 수개미는 교미가 끝나고 나면 생식기生殖器가 떨어져 바로 죽게 된다. 교미에 성공하지 못한 수개미 또한 죽음을 면치 못한다. 교미에 실패한 수개미가 집으로 돌아가려 해도 수개미의 역할이 끝났기 때문에 문지기 개미가 들여보내지 않아서 집으로 돌아가지 못한 채 이리저리 돌아다니다가 천적에게 잡혀 먹거나, 굶어 죽는 운명을 맞이하게 되는 것이다.

일생에 딱 한 번뿐인 기회機會!
일반적으로 기회가 또 올 것이라고 생각하면 처음 맞이한 기회에 최선을 다하지 않을 수도 있다. 그러나 단 한 번뿐인 기회라서 수개미는 교미를 해도 죽고, 못 해도 죽으니, 교미를 하려고 죽을 힘을 다해 애를 쓰는 것이다.

인간은 자기합리화自己合理化를 하는 동물이다. 한 번의 실패가 생기면 다음 기회가 올 것이라고 자위自慰하는 것이다. 그러나 이러한 태도는 한 번 찾아온 기회를 놓치지 않고 최선을 다하려는 마음을 처음부터 흩트려 놓는다. 결국 실패를 초래招來한다는 의미이기도 하다.

잦은 실패 속에서 원인과 다음 대안代案을 찾지 않는다면 평생 익숙한 실패에 동화同和되거나 무감각無感覺해지는 우愚를 범犯하게 된다. 대부분大部分의 사람이 그렇기에 성공하는 사람보다 실패하는 사람이 더 많은 이유가 여기에 있는 것이다. 그러나 항상恒常 마지막인 듯 최선을 다하는 것은 결국 죽지 않기 위한 행동이니, 최선을 다하는 것이 성공적인 삶을 영위營爲하기 위해 반드시 필요한 덕목德目이 된다는 점을 명심해 보는 것은 어떨까?

모든 동물은 지금 숨 쉬는 것이 마지막인 양 최선을 다한다. 그래서 숨이 지속持續된다는 점도 기억記憶할 필요가 있다.

개미는 죽을 때 한 방향으로만 쓰러진다고 하던데...

모든 동물에게는 자기들만의 법칙이 있다고 한다.
바퀴벌레는 죽을 때 뒤집어져서 죽고, 코끼리는 죽을 때 정해진 곳에 가서 죽는다.
늙은 부모를 산속에 버려 죽게 하는 고려장高麗葬이 아직까지 존재했더라면 우리에게도 죽을 때의 법칙法則이 존재할 수도 있었을 것이다.

한편 개미는 죽을 때 반드시 오른쪽으로 쓰러진다고 한다. 이는 지구의 자전自轉과도 연관聯關이 있을 수 있다고 한다. 개미는 다른 동물에 비해 너무나도 작고 체중이 얼마 되지 않는 미미微微한 존재이기에 죽을 때 자전의 영향을 직접적으로 받았을 수도 있을 것이다. 그러나 왼쪽으로 쓰러져 죽는 개미들도 간혹 있다 하니 예외는 언제 어디에나 존재하는가 보다.

흔히 광어와 도다리를 구분할 때 '좌광우도'라는 말을 써서 둘을 구별區別한다. 입을 정면으로 보았을 때 눈 두 개가 왼쪽으로 몰려 있으면 광어

이고, 오른쪽으로 몰려 있으면 도다리라고 하는 것이다. 그러나 자연계에서는 눈이 오른쪽으로만 몰려 있는 광어도 많이 있다. 이처럼 법칙이 완벽한 것은 아니지만, 일반적인 행동과 법칙은 존재하는 듯하다.

그런데 이러한 법칙이 인간에게도 존재할 수 있을까?

투자의 귀재鬼才인 워런 버핏은 사후에 자신의 전 재산 중 80%를 '빌 게이츠와 멜린다' 재단에 기증寄贈할 예정이라고 한다.
페이스북의 창시자創始者 마크 저커버그 또한 자신이 가지고 있는 전 재산의 99%를 사회에 환원한다고 한다.

프로 강태공姜太公은 잡은 고기를 다시 전부 놓아준다
아마추어만이 잡은 고기를 놓아주지 않는다

기부寄付의 문화文化가 일반적이지 못한 것은 아마도 우리 사회가 아직 성숙成熟하지 못해 발생하는 문제일 수도 있다.
기부하는 것이 법칙이 될 수는 없을지라도 어느 정도 기부하고 생을 마감하는 문화가 저변底邊에 깔린다면 조금 더 살 만한 사회가 되지는 않을까?

지금 이 시대時代는 노블레스 오블리주[13]의 정신精神이 필요한 시기時期인 것 같다.

---

13 노블레스 오블리주(Noblesse Oblige): 신분과 지위가 높으면 사회적 책임과 도덕적 의무를 동반(同伴)한다는 뜻.

사마귀는 치밀한 전략가

사마귀는 '당랑거철螳螂拒轍'로 유명한 곤충이다. 당랑거철은 중국 제齊나라의 장공莊公이 사냥을 나가는데, 사마귀가 앞발을 들고 수레바퀴를 멈추려 했다는 데서 유래한 것으로 자신의 주제도 모르고 덤벼드는 무모한 행동을 비유하는 말이다.

사마귀는 '버마재비'라고도 부른다. 버마재비는 '범+아재비'에서 비롯된 말로 범보다도 더 무서운 놈(곤충)이란 뜻이다.

이처럼 사납고 무서운 사마귀는 곤충계를 주름잡는 최대 천적이다. 잠자리, 메뚜기, 파리 등은 물론 작은 개구리나 도마뱀 등도 잡아먹는다. 특히 갈고리처럼 생긴 앞발로 먹잇감을 덮쳐 꼼짝 못 하게 하고 살아있는 상태에서 살을 뜯어 먹는다. 피식자를 옴짝달싹 못하게 만들고 겁에 질리게 만드는 것이다. 보통의 맹수가 사냥감을 죽인 후 잡아먹는 것이 일반적인 것을 보면, 이런 모습은 사마귀의 잔인성殘忍性을 적나라赤裸裸하게 보여준다.

그런데 사마귀는 상대방에 따라 전술전략戰術戰略을 바꾸는 동물이라고 한다.

만약 자신과 비슷한 대상이 나타나면 몸을 세우고 앞발을 들어 올리고 날개를 펴서 크게 보이게 해 상대방의 기氣를 죽인다. 바로 공갈恐喝로 적을 제압制壓하는 것이다. 하지만 자신보다 더 센 적이 나타나면 보호색保護色을 활용해서 나뭇잎 또는 나뭇가지로 위장하여 적을 따돌린다. 갈색 사마귀는 땅에 엎드려 가랑잎이나, 흙처럼 보이게 하기도 한다. 물론 이러한 위장偽裝은 사냥할 때도 활용活用한다. 또한 자기보다 약한 사냥감이 나타나면 가차假借없이 산 채로 잡아먹는다.

그리고 사마귀는 암컷이 수컷에 비해 훨씬 크기에 교미 후 달아나는 수컷을 앞발로 한 방에 쓰러뜨려 목을 자르고 잡아먹는다. 새끼를 먹여 키우기 위한 영양분을 얻기 위해 수컷을 잡아먹는 잔인함도 가지고 있는 것이다. 먹을 것이 없을 때는 동료 사마귀마저 사냥감으로 전락轉落한다. 이는 바퀴벌레 못지않게 사마귀의 엄청난 생명력을 단적端的으로 보여주는 사례이기도 하다.

인간에게 비추어 볼 때 전쟁에서 사마귀의 전략은 매우 유용하다. 자신보다 약한 상대는 바로 공격하여 잡아먹고, 비슷하면 공갈恐喝과 협박脅迫으로 상대를 무력화無力化시키고, 강하면 보호색으로 위장하여 위기를 모면謀免한다. 유대인들도 자신보다 강한 상대와 대적對敵할 때는 도망갈 방법부터 강구講究한다고 했다.

전쟁은 선악의 대결이 아니고 신사적인 게임도 아니기에 가급적 전쟁을 최대한 피하되 불가피할 경우는 반드시 이겨야 한다. 송양지인宋襄之仁이란 말이 있다. 이 말은 춘추시대春秋時代 송나라 양공襄公이 지나친 대의명분大義名分을 지키려고 하다가 전쟁에서 패하게 된다는 뜻으로 실익實益도 없는 어리석은 행동을 말한다.

한 국가에서 안보安保는 그 무엇과도 바꿀 수 없는 소중所重한 가치이다. 나라가 무너지면 모두 죽거나, 아니면 모두 노예奴隷로 살아야 하기 때문이다. 그러므로 안보安保와 관련關聯되거나 더 나아가서 전쟁戰爭과 관련關聯해서는 괜히 어설픈 태도態度와 행동으로 모든 것을 잃는 우愚를 절대로 범해서는 안 될 것이다.

거미줄은 강철보다 강하다

거미는 절지류節肢類 동물로 누에처럼 자기 몸에서 실을 뽑아내는 기능을 가지고 있다. 거미는 몸속 여러 개의 명주실샘을 통해 가느다란 거미줄을 연속적連續的으로 뽑아내면서 서로 엉켜 꽈배기 꼬듯 거미줄을 뽑아낸다고 한다.

하나의 강력한 철선鐵線보다는 작은 철선들이 모인 강철케이블이 훨씬 더 강하기 때문에 한 가닥이 아니라 여러 가닥으로 만들어 내는 것이다.

비록 거미줄이 너무 가늘어 인간이 쉽게 끊어버릴 수는 있지만, 사실 거미줄은 지구상에서 가장 강력한 천연섬유天然纖維이다.

거미줄의 신장능력伸張能力도 약 30% 가까이 되는데, 특히 그 강도는 강철의 약 5배가 될 정도로 강하다고 한다. 이러한 강력한 거미줄에 곤충들은 물론 작은 새나 박쥐도 벗어날 수가 없다.

만약 거미줄의 두께가 1mm가 된다면 100kg 내외의 물건을 들어 올릴 수 있다고 한다. 그리고 두께가 5mm가 된다면 날아가는 비행기도 멈춰 세울 수 있는 힘이라고 하니 그저 놀라울 따름이다.

거미줄은 합금보다도 강한 특징 때문에 방탄복이나 낙하산 같은 군사용품, 인대靭帶와 같은 인공 의료용품, 우주선에 쓰이는 재료 등으로 개발되고 있다.

그런데 거미에게 있어 거미줄은 단지 사냥을 위한 도구道具로만 사용되지는 않는다. 크랩거미의 경우 공중을 이동하기 위해 거미줄을 뽑아내기도 한다.

또한 모든 거미가 거미줄을 만드는 것은 아니다.

물거미의 경우 평생을 숲이 아닌 물속에서 산다. 물속에서 물잠자리 같은 수생동물이나 선형동물線形動物 같은 것을 먹고 사는데, 거미줄은 전혀 이용하지 않는다.

인간이 거미에게 배워야 할 것이 있다.

모든 거미가 거미줄을 뽑고 살거나, 숲속에서만 살고 있지 않듯이 인간도 모두가 공부工夫를 잘할 필요는 없다는 점이다.

행여나 모두가 공부를 한다고 해도 결국 모두가 잘할 수는 없다. 그런데도 사람들은 오직 공부에만 매달리며 살고 있다. 그 결과 공부에서 낙오落伍한 사람은 평생 루저로 살아갈 확률確率이 높아진다. 그동안 공부 외에 아무것도 준비하지 못했기 때문이다. 일찍이 공부가 아닌 다른 능력을 키

왔더라면 루저가 아닌 위너가 될 수도 있었는데 말이다.

　인간은 인종人種이 다양하고 체격과 크기, 모습 그리고 생각이 다양多樣하다. 따라서 자기가 가지고 있는 능력 또한 다양할 수밖에 없다. 그러므로 획일적劃一的인 능력을 키우는 것이 아니라 자기만의 능력을 키워야 하는 것이 중요하다.

초파리가 바나나에 몰리는 이유는

바나나를 사서 상온常溫에 보관하게 되면 얼마 지나지 않아 여지없이 초파리들이 몰려드는 것을 자주 경험經驗하게 된다. 그렇다고 해서 초파리를 피하려고 바나나를 냉장고에 보관하면 안 된다. 금방 변색變色이 일어나고 과육果肉이 뭉그러지기 때문이다. 그러므로 서늘하거나, 그늘진 곳에 보관하게 되는데, 그러면 이때 초파리를 피할 수 없게 된다. 따라서 바나나를 사게 되면 빨리 먹어 치우거나, 만약 그럴 수 없다면 냉동고冷凍庫에 얼렸

다가 갈아 마시는 것이 좋다. 물론 그럴 경우 일정 부분 영양소의 파괴破壞는 감수勘收해야 한다.

그런데 왜 유독 바나나에 초파리가 몰려드는 것일까?
가령 사과를 식탁 위에 올려놓고 오래 두어도 초파리가 몰려들지는 않는다. 그러나 바나나에는 여지없이 몰려든다. 이유는 바로 바나나의 당도糖度 때문이다. 바나나의 당도는 사과보다도 약 두 배가량 높은 22brix를 자랑한다. 수박이 8brix 내외이니 바나나가 얼마나 단지 알 수 있을 것이다. 그러나 겉으로 봤을 때, 바나나는 달게 보이지 않는다. 그래서 인간은 못 느끼나 초파리는 바로 알아채는 것이다.

우리는 훌륭한 사람을 금방 알아채지 못한다. 이는 마치 바나나의 당도를 잘 모르듯이 겉만 보기 때문에 내면에 간직한 당도를 알아채지 못하는 것과 같다. 그러나 훌륭한 인격자는 드러내지 않아도 나중에 저절로 알게 되니 알아주지 않아도 성낼 필요는 없겠으나, 그동안 훌륭한 사람을 몰라보는 사회와 사람들은 저열低劣하기 그지없게 된다. 따라서 조금 더 빨리 알아보고 따르는 것이 필요하다. 어쩌면 천리마千里馬보다는 백락伯樂이 더 중요한 것처럼….

【참고자료】

잡설 雜說

한유

원문

世有伯樂 然後 有千里馬 千里馬 常有 而伯樂 不常有 故 雖有名馬 祗辱於奴隷人之手 駢死於槽櫪之間 不以千里稱也

馬之千里者 一食 或盡粟一石 食馬者 不知其能千里而食也 是馬 雖有千里之能 食不飽 力不足 才美 不外見 且欲與常馬 等 不可得 安求其能千里也

策之不以其道 食之不能盡其材 鳴之不能通其意 執策而臨之曰 天下 無良馬 嗚呼 其眞無馬耶 其盡不識馬耶

해석

이 세상에 백락이란 사람이 있은 후에 천리마가 있는 법이다.

천리마는 항상 존재하지만, 백락은 항상 존재하지 않는다.

그러므로 비록 천리마가 있다 하여도 말의 능력을 알아보지 못하는 노예의 손에서는 인정받지 못하며, 능욕을 당하다가 결국 천리마로 인정받지 못한 채 보통 말들처럼 죽게 된다.

천 리를 가는 말은 한 번에 여물 한 섬을 먹지만, 천리마의 능력을 알아보지 못하는 사람은 천리마에게 먹이를 충분히 먹이지 못한다. 따라서 비록 천 리를 달려갈 수 있는 능력이 있지만, 충분하게 먹지 못해 힘이 부족하여 천리를 갈 수 없는 것이다.

또 보통의 말들과 같아지려고 해도 불가능하니 어떻게 천리를 가는 능력을 구비할 수 있겠는가?

천리마에 어울리지 않는 채찍질을 하고 능력을 잘 발휘하도록 제대로 먹여주지도 못하며, 울어도 그 이유를 모르면서 채찍만 잡고서 '천하에 좋은 말이 없구나' 하며 한탄하는 것을 보니 참으로 애석하도다.

세상에 정말로 천리마가 없는 것인지 아니면 진정으로 말을 알아보는 사람이 없는 것인지….

---

14 백락: 춘추전국시대 진나라 사람으로 훌륭한 말을 알아보는 안목이 뛰어난 사람.

파리가 전자레인지에서 살아남을 수 있는 이유는

파리는 전자레인지에 넣고 돌려도 죽지 않는다고 한다.
왜 그럴까?
　전자레인지는 마이크로파를 쏴서 음식을 데우는 기능이 있는 전자제품電子製品이다. 그런데 이 마이크로파는 전체를 뜨겁게 달궈주는 광선光線이 아니다. 마이크로파는 고정된 몇 줄기 광선으로 전자레인지 안의 둥근 판 위에 음식을 놓으면 둥근 판이 돌아가면서 음식에 광선을 쐬게 한다. 그러므로 전자레인지 안에는 광선이 닿지 않는 사각지대死角地帶가 넓게 펴져 있다. 그 안에 있으면 광선이 닿지 않기에 죽지 않는다. 그리고 무엇보다 이 광선이 파리의 눈에 보이기 때문에 광선을 피해 살 수 있다는 것이다.

'호랑이에게 물려 가도 정신만 차리면 산다'는 말이 있다.

허황虛荒되게 들리는 이 말은 사실 진실眞實이다. 왜냐하면 호랑이에게 물려 갔을 때 대부분은 삶을 포기하고 체념하기에 아무 대항도 하지 못한 채 죽어버리지만, 정신만 차리면 살아갈 방도方道를 찾아 끝내 살아남을 수도 있기 때문이다.

우리는 인생에서 수많은 포기抛棄를 하며 살아가고 있다. 포기는 도전挑戰보다 훨씬 더 쉽고 편하기 때문에 자주 포기하게 되는 것이다. 그러나 계속 포기를 하게 된다면 편한 대신 어려움을 맞이해야 한다는 점도 알아야 한다.

인생은 어려움의 연속連續이다.

하지만 이러한 어려움이 발생하는 이유는 바로 포기를 했기 때문이라는 점을 깊이 인식해야 한다.

따라서 사지死地에 몰려도 끝까지 포기하지 않는다면, 비록 몸은 고달플지라도 언제나 승리하는 삶을 누릴 수 있을 것이다.

모기는 절대로 물지 못한다

우리는 모기에게 물린다고 표현表現한다.

그런데 진짜 모기가 무는 것일까? 이빨로 물어서 피를 빨아먹는 것일까? 하지만 사실 모기는 물지 않으며 피를 빨아먹을 힘조차 없다고 한다.

그렇다면 어떻게 피를 섭취하는지 알아보자.

모기는 피부皮膚에서 가장 얇고 약한 부분에 침(주둥이)을 이용해 피를 섭취한다. 그때 '히루딘'이라는 침샘약물을 주입하여 피가 응고凝固되지 않게 하고, 또 찌를 때 피를 제공하는 대상이 아픔을 느끼지 않도록 한다고 한다. 그래야 몰래 피를 먹을 수 있기 때문이다.

그리고 모세혈관毛細血管을 찾아 침을 꽂으면 혈관 내 혈압血壓이 높기 때문에 자연스럽게 피가 침을 따라 솟구치게 되는 것이다. 따라서 모기는 사람을 물어서 피를 빠는 것이 아니라 입을 모세혈관에 꽂아 넣어 대롱처럼 연결連結해 놓기만 한다. 그러면 압력이 높은 데에서 낮은 곳으로 움직이듯 피가 이동移動한다는 것이다.

그러므로 물어서 피를 빠는 것이 아니라 오히려 찔러서 피를 뽑는다는 표현이 맞을 것 같다. 마치 헌혈할 때 주사기를 이용해 피를 뽑는 것처럼….

우리가 모기에게 물렸다고 표현表現하는 데 반해 일본 사람들은 모기에게 찔렸다는 표현을 쓴다.

蚊(か)が刺(さ)す(카가 사스): 모기가 찌르다
蚊(か)にさされる(카니 사사레루): 모기에게 찔리다

이들의 표현은 정확正確한 편이다. 관찰觀察을 통해 세세細細한 부분까지 정확히 표현했기 때문이다. 우리가 밥이든 물이든 '먹는다'고 일괄적一括的으로 표현하지만, 일본인들은 밥은 먹는 것이고 물을 마시는 것으로 확실히 구분해 쓴다. 이러한 차이는 제조업과 서비스업에서도 나타난다.

일본은 정확하고 세심한 기록과 관리를 통해 제조업의 강국이 되었다. 그리고 그들은 전기공사 서비스를 마무리 할 때도 쓰레기 하나 남기지 않고 깨끗하게 수거收去해 가는 치밀緻密하고 세련洗鍊된 모습을 보인다.

말과 언어가 이러한 미세微細한 차이를 만들어 내고 있는 것이다. 아니, 습관과 행동이 이러한 표현을 쓰게 만든 것이다.

하루살이가 하루밖에 못 사는 이유는

모든 동물은 성장하며 종족번식을 위해 짝짓기를 하게 된다. 그런데 짝짓기를 시작하는 나이와 수명壽命과는 어떤 상관관계相關關係가 있는 것일까?

사실 짝짓기를 시작하는 나이와 수명은 정비례正比例하는 것 같다. 즉 짝짓기하는 나이가 빠르면 빠를수록 일찍 죽고, 늦으면 늦을수록 수명이 길어진다는 뜻이다.

햄스터는 태어난 지 3개월이면 짝짓기를 한다. 1~2개월 만에 짝짓기를 하는 경우도 있다. 그래서인지 수명은 2년 내외밖에 되지 않는다. 개는 6개월에서 1년이면 짝짓기를 한다. 따라서 수명은 12년 내외內外이다. 사자는 2~3년 만에 짝짓기를 한다. 수명은 10~15년이다. 호랑이는 3~4년 만에 짝짓기를 한다. 늦게 시작하는 교미交尾로 사자보다 조금 더 살아 수명은 15~25년이다. 늑대거북은 태어난 지 7년 만에 짝짓기를 한다. 수명은 40년 내외이다. 악어거북은 11~13년 만에 짝짓기를 한다. 수명은 60년 내외이다. 코끼리는 20년 내외에서 짝짓기를 한다. 수명은 80년 내외이다.

과거 인간은 10대에 결혼을 했다. 그때 수명은 30년에서 길면 40년이었다. 그런데 요즘 결혼은 그때보다 두 배 정도 이상 늦어졌다. 30대 초반에 결혼을 하기 때문이다.
그래서인지 수명은 80년 이상이다. 늦은 결혼이 수명을 더 늘렸을 것 같다는 정확한 과학적 근거는 없겠지만, 이렇듯 조기성생활早期性生活은 수명을 단축短縮시키는 것과 연관이 있을 수 있다는 합리적 의구심을 갖게 한다.
(아니면 수명이 짧아서 빨리 교미를 하는 것인지도 모를 일이다.)

참고로 하루살이는 2~3일을 살거나 기껏해야 1~2주 정도 산다. 이런 이유가 바로 하루살이가 태어난 지 단 하루 만에 교미해서 그런 것은 아닐까? 아무튼 배설[15]이 잦을 경우,[16] 생명이 단축短縮되는 것은 당연當然해 보인다.

인간의 수명은 유한하다.
만약 조기에 사망만 하지 않는다면 대부분의 인간은 80세 전후를 살게 된다. 80년이라는 시간이 긴 것처럼 보이나, 실상 활동하는 시간은 얼마 되지 않는다.

---

15 배변(排便), 배뇨(排尿), 사정(射精), 호흡(呼吸) 등(等).
16 빨리 시작하면 더 많은 배설을 하게 된다.

인생의 1/3을 차지하는 잠을 빼고 이동하고 쉬고 아프고 나면 얼마 되지 않는 삶을 살아야 한다.

그런데 이 시간마저 헛되이 보내게 된다면 우리가 진정으로 살아가는 시간은 얼마 되지 못할 것이다.

시간을 허비하는 것은 쉬운 일이나 언제나 후회라는 말을 동반同伴하니 항상 알찬 생활을 하려고 노력할 필요가 있다.

바퀴벌레는 머리가 없어도 살 수 있다

바퀴벌레는 머리가 잘려도 10여 일을 살 수 있다고 한다.

10여 일 후에 죽는 단 하나의 이유理由는, '먹지 못해 영양공급營養供給이 되지 않아서'라고 한다. 즉 몸통만 있어도 영양공급을 계속繼續해 주면 살 수 있다는 뜻이기도 하다.

왜 그런 것일까?

동물은 신체身體 중 중요한 부분을 잃게 되면 죽음을 면치 못한다. 그래서 사람은 팔다리는 없어도 살아남을 수 있지만, 머리와 몸통 둘 중 하나만 없어도 죽게 된다. 즉 머리와 몸통이 가장 중요重要한 신체가 된다는 뜻이다.

머리가 잘려 나가도 바퀴벌레가 생존하는 이유는 바퀴벌레에게 있어서 가장 중요한 부분은 머리가 아닌 몸통이기 때문일 것이다. 그래서 머리가 잘려 나가도 살아남을 수 있는 것이다.

지금 우리는 예년例年과는 달리 유례類例없이 어려운 경제經濟와 생활生活 속에서 신음하고 있다. 따라서 어려운 시기에도 살아남을 수 있는 방책方策이 필요해 보인다.

즉 불필요한 부분을 과감果敢히 제거하고 필수불가결必修不可缺한 부분만을 남겨 놓은 채 삶을 지속해야 한다.

그런데 아무리 어렵다고 해도 신체 중 일부를 버릴 수는 없다. 따라서 낭비浪費를 없애고 불요불급不要不急한 일들은 삼갈 필요가 있다. 그리고 이러한 어려운 시기에도 중요한 것 하나만 잃지 않는다면 살아남을 수 있을 것이다.

그것은 바로 신뢰信賴이다.
그러므로 다른 것은 다 버려도 신뢰만은 버리지 말자.
아니, 잃지 말자.
그리고 이렇게 하는 단 하나의 이유는 살아남기 위해서라는 점도 기억할 필요가 있다.

바퀴벌레의 생사를 구분하는 법

바퀴벌레는 죽을 때 꼭 뒤집어져서 죽는다고 한다.

가만히 웅크리고 있는 바퀴벌레는 죽은 듯하지만, 뒤집어지지 않았기 때문에 사실 살아있다. 위험한 상황狀況이어서 죽은 척을 하고 있는 것뿐이다.

바퀴벌레가 진짜 죽었다면, 뒤집어진 상태여야 한다.

그리고 바퀴벌레는 죽을 때 반드시 하는 일이 있다.

그것은 죽기 전에 꼭 알집을 몸에서 떼어놓고 죽는다는 점이다.[17] 이는 후손을 살리기 위한 특별조치特別措置라고 한다.

---

17 암컷의 경우에 해당.

우리 인간에게도 죽을 때는 반드시 남겨 둬야 하는 것이 있었으면 좋겠다. 그렇다면 인간은 죽을 때 후손後孫을 위해 무엇을 남겨 두고 죽을 것인가? 누구에게는 재산財産이 될 것이고 누구에게는 가훈家訓의 가르침이 될 수 있다.

남겨 둘 것이 많은 사람들은 무엇을 남겨 줄까 고민스럽겠지만, 남겨 줄 것이 아무것도 없는 사람이라면 반드시 보험保險만은 남겨 두라고 조언助言하고 싶다.

유대인은 자신이 가난하더라도 자손은 부자로 살게 하기 위해 보험을 가입한다고 한다. 그래서 자신이 죽어서 받게 되는 보험금으로 자손들만은 편안하게 살아가도록 도와준다는 것이다.

따라서 보험이 그 유일한 유산遺産이 될 수도 있다.

두 번째,
자연 이야기

아카시아가 아닌 아까시나무

우리가 통상 '아카시아'라고 부르는 나무는 사실 '아까시'라고 불러야 한다.
그동안 철자綴字대로 읽다 보니 아카시아로 불렀는데, 발음기호發音記號
는 'acacia[əkeɪʃə]'로 아까시(어케이셔)로 불러야 한다.

이 아까시나무는 원래 북미가 원산지原産地라고 한다.
우리나라는 구한말부터 땔감용, 조림용造林用, 사방용沙防用 등의 목적으
로 심었는데, 이제는 전 국토國土에서 다 볼 수 있을 정도로 흔하게 분포

分布해 있다. 심기만 하면 빨리 잘 자라는 특성特性 탓에 민둥산과 뒷동산에 너도나도 심어 놓은 결과이다.

그래서 전국 어디에서나 오뉴월이면 아까시나무 꽃향기를 맡을 수 있어 즐겁다.

또한 아까시나무 꽃으로 만든 꿀은 그 향기香氣가 매우 좋다.

그런데 지금도 아까시보다는 아카시아가 더 정겨운 느낌이 드는 것은 왜일까?

그것은 아마도 어린 시절 추억이 묻은 이름이어서 그런가 보다.

아까시나무 잎을 따 학교에 제출提出해 퇴비堆肥를 만들었던 추억追憶, 소원所願을 빌며 잎을 하나씩 떼어내던 추억, 잎줄기를 입에 물며 다른 한쪽은 눈거풀에 끼워 졸음을 쫓았던 추억 등….

꽃은 사계절 피는 법이다

꽃은 사계절四季節 피는 법이다.
꽃은 봄에만 피는 것이 아니다.
꽃은 여름에도 피고 가을에도 피고 추운 겨울에도 핀다.
그러나 대부분의 꽃은 봄과 여름에 핀다.

그런데 봄과 여름에 피는 그 많은 꽃 중에는 우리가 보지 못했는데도 사라지는 꽃들도 많다.

너무 다양한 꽃이 피기 때문이다.

가을이 되어 피는 꽃은 그 수가 적은 편이다.

그래서 대부분 모두가 기억하게 된다.

겨울에 피는 꽃은 거의 없다.

따라서 겨울에 피는 꽃은 더욱 값지게 여겨진다.

누구에게나 뽐내는 시기는 있는 법이다.

다만 그것이 봄과 여름이 아니라고 해서 속상해할 필요는 없다. 대부분의 전성기가 청장년靑壯年일지라도 그 이후에 전성기全盛期를 맞이하는 사람도 있기 때문이다.

大器晩成!

대기만성은 늦게 성공하는 삶을 칭송稱頌한 것이 아니라 조기에 너무 많이 알아 노력하지 않는 삶을 경계하기 위한 말이다.

어려서 배우는 것은 어른이 되어서 배우는 것에 비하면 아무것도 아니기 때문이다.

겨울에 피는 꽃!

희소성稀少性으로 그 가치가 훨씬 더하게 되는 시기에 피는 꽃은 실로 놀랍기까지 하다.

어떤 꽃이든 꽃을 한 번 피우고 나면 사라지기 마련이다.

일찍 피든 늦게 피든 그만의 전성기는 반드시 있는 법이다. 이르면 이른 대로 늦으면 늦은 대로.

그러므로 편안한 마음으로 살았으면 한다.

이를 위해 물 같은 사람이 되라고 말하고 싶다.

결코 없어지지 않고 어느 곳이든지, 어디든지 담길 수 있는 물.

그러나 절대로 불 같은 사람은 되지 말라고 하고 싶다.

남과 나를 태워 없애 버리며 모두를 사라지게 만드는 불.

꽃은 결코 오래 피지 않는다

'화무십일홍花無十日紅**'**

'부귀영화富貴榮華는 오래가지 않는다'는 말로 아름답게 핀 붉은 꽃도 열흘이면 지고 없어진다는 뜻이다. 그러니 너무 나서지 말고, 으스대거나 권력權力을 함부로 휘두르지 말라는 충고忠告이다.

그런데 이런 해석解釋도 가능하다.

계절은 춘하추동春夏秋冬이 있고, 달도 차면 기울고, 인생에도 유아기幼兒期, 청년기靑年期, 장년기壯年期, 노년기老年期가 있듯이 언제나 시작과 성장 그리고 전성기와 쇠퇴기衰退期가 있는 법이니, 자신을 뽐낼 수 있는 전성기를 알차고 뜻깊게 보내라는 주문注文일 수도 있다. 그래서 아쉬움 없이 마음껏 자신을 드러내 최고의 순간을 만끽滿喫하라는 것이다.

다만 그러는 동안에는 남에게 피해被害를 주거나, 불법不法을 저지르거나, 도덕적道德的이지 못하면 나중에 후회後悔하거나 어려움이 닥칠 수 있으니 각별히 조심할 필요는 있다.

그러나 사람들은 좋은 날만 지속되면 어려움에 대비하지 않듯이 항상 과욕過慾과 과속過速으로 변變을 피하지 못하는 경향이 있다. 그래서 항상 언행言行을 조심할 필요가 있는 것이다.

꽃을 피우는 이유는

 예쁜 꽃을 피우기 위해 식물은 최선最善을 다한다.
 식물이 꽃을 피우는 이유는 열매를 맺기 위해서이다. 그래서 주변 식물들에 비해 더 멋있어 보이고 더욱 돋보이기 위해 갖은 노력을 다한다. 가령 예쁘게 생기거나, 독특獨特한 색깔을 띠거나, 유혹할 만한 향기를 뿜어 대는 것이다. 이러한 현란絢爛한 색깔과 매혹적魅惑的인 향기는 벌과 나비를 부른다. 그리고 벌과 나비가 많이 꾀는 식물은 반드시 번식繁殖에 성공한다.
 사실 처음의 꽃들은 흰색이거나 무채색 정도의 단순한 색만 가졌다고 한다. 이후 서로 경쟁을 하느라 다양한 색깔의 꽃으로 탈바꿈한 것이다.

 식물은 꽃으로만 벌과 나비를 유인誘引하지 않는다.
 벌과 나비가 꽃을 찾아와 꿀을 잘 딸 수 있도록 꿀샘이 있는 깊은 곳까지 편하게 이르도록 길[18]도 닦아 놓는다고 한다. 그래야만 벌과 나비가 꿀을 따면서 자연스럽게 암술과 수술의 교배交配가 잘 일어나기 때문이다.

식물의 번식은 이러한 메커니즘에 의해 진화進化해 왔다.

그러나 우리가 알아야 할 것으로 식물에 있어서 꽃은 유인책誘引策에 불과不過하다는 사실事實이다. 목적目的은 번식繁殖에 있다는 것이다. 목적을 달성하기 위해 자신을 가꾸는 식물처럼 우리 인간도 이를 배울 필요가 있다. 주변周邊의 주목을 받기 위해, 그래서 당당한 사회의 주역主役으로 성장하기 위해 치장治粧하고 준비해야 한다.

그런데 인간은 무엇으로 준비해야 하는가?
분명 옷매무새와 화장만은 아닐 것이다.

깊이 고민苦悶해 봐야 할 문제인 듯하다.

---

18 꽃의 입구에서 속까지 잘 내려갈 수 있도록 만든 미끄럼틀 모양의 길.

나팔꽃이란 명칭의 유래

아침이면 방긋 웃듯이 피는 꽃!
나팔꽃!

나팔꽃은 어떻게 해서 붙여진 이름일까?
우리나라 사람들은 나팔꽃의 모양이 나팔을 닮았다고 해서 그렇게 명명命名했다. 그래서 나팔꽃을 보지 않았음에도 마음속으로 그 모습을 그려볼 수가 있다.
반면 일본 사람들은 이 꽃의 특징 중 아침에만 꽃이 활짝 피고 이후에 꽃봉오리를 오므리는 모습을 관찰한 뒤 '아침얼굴'이라는 이름을 붙였다. 즉 아침에 살포시 얼굴을 드러내고 핀다고 하여 붙여진 이름이다.

あさがお[朝顔]: 아사가오 – 아침얼굴

한국 사람들은 별명別名을 불러도 외관外觀이나 모양模樣, 그리고 이름에 빗대어 부른다. 세모, 동글이, 돼지, 코흘리개 등….

다분히 직선적直線的이다. 그래서 이름을 들으면 즉각 연상聯想이 된다. 하지만 일본 사람들은 성격과 특성을 보고 부르는 경우가 많다. 단지 외모만으로 부르지는 않는다. 즉 내면적이다. 그래서 이름을 들어도 곰곰이 생각해 보지 않으면 금방 알아채기가 어렵다. 이러한 차이는 자세히 관찰하고 깊게 파악하려는 습성(배려의 문화)에서 비롯되었다. 즉흥적이지 않고 조심하며 특색을 찾으려는 섬세한 노력이 보인다.

또한 점심에 피는 꽃을

ひるがお[昼顔]: 히루가오 – 점심얼굴

저녁에 피는 꽃을

ゆうがお[夕顔]: 유우가오 – 저녁얼굴
또는
よるがお[夜顔] : 요루가오 – 밤얼굴

이라고 부른다.

이렇듯 오랜 관찰觀察을 통해 장점을 찾아 부르는 일본인들의 습성이 우리와는 사뭇 다르다는 것을 알 수 있다.

나이가 들어 동창생들을 만나면 별명을 부르는 경우가 많다. 정겨운 부분도 있으나 나이가 들어 이상한 별명을 듣게 되면 기분이 나빠지는 경우도 있다. 생긴 모습대로 부르던 별명, 이름으로 연상해서 부르던 별명, 단점短點을 찾아 부르던 별명 등….

이제 배려配慮의 별명을 불러준다면 어떨까?

그렇게 되면 분위기雰圍氣가 한층 더 좋아지지는 않을까?

해바라기의 자존심

중앙아메리카가 원산지原産地인 해바라기는 해를 바라보고 자란다고 해서 붙여진 이름이다. 일본어로 해바라기는 'ひまわり[向日葵]'라고 하는데, 그 말은 '해를 따라 돈다'는 뜻이다. 영어로는 'sunflower'[19]라고 부르는데 이는 해바라기가 햇볕이 드는 양지바른 곳에 피기 때문이다.

프랑스어로도 tournesol이라고 부르는데 태양을 따라 돈다는 뜻이다 Tourner + soleil

---

19 '태양의 꽃', '황금꽃'이라고 부르기도 한다.

해바라기가 해를 바라보는 이유는 영양소營養素를 합성合成하기 위해서이다. 그러나 나중에 꽃이 피게 되면 더 이상 해를 바라보지 않는다고 한다. 즉 하루 종일 해를 따라가는 것이 아니라 봉오리를 피우기까지만 그렇다는 것이다.

해바라기는 굵고 튼튼한 줄기가 약 2~3m까지 자라고 잎이 좌우로 자란다. 꽃은 줄기 끝에 한 송이가 피는데, 이 모습이 마치 머리가 붙은 것 같다고 해서 두상화頭狀花라고도 한다.

그런데 해바라기는 꽃이 한 송이가 아니라 여러 송이가 뭉쳐 커다란 한 송이를 이룬 것이기에 꽃송이라고 부르는 것보다는 꽃다발이라고 불러야 옳다.

그런데 해바라기는 왜 꽃을 한 송이만 피우는 것일까?
줄기가 튼튼해서 여러 송이를 피울 수 있음에도 불구하고 해바라기는 오직 한 송이만 피우고 만다.[20] 그 이유는 꽃말에서 찾을 수 있다.

Pride!

즉 자신감 있게 자신이 피우고자 하는 꽃만 피우며, 그 꽃을 태양太陽 아래에서 잘 자라게 만든다.

---

20 해바라기 꽃은 크기가 직경 최대 60cm까지 자라기도 하는데 보통은 30cm 내외(內外)이다.

동물이나 식물은 생존확률이 적을 경우 새끼를 많이 낳거나 씨앗을 많이 뿌리는 경향이 있다.

바다거북은 백여 개의 알을 낳지만 그중 성체가 되는 놈은 1%밖에 되지 않는다. 또한 어류도 많게는 수만 개 이상의 알을 낳지만, 다 성장하지는 못한다. 특히 약 3억 개의 알을 낳아, 어류 중 가장 많은 알을 낳는 개복치는 겨우 몇 마리밖에 성체로 성장하지 못한다. 동물의 왕인 사자조차도 수사자가 성체가 될 확률은 6~7%에 불과하다고 한다. 그러나 해바라기는 강력한 자신감自信感으로 멋진 꽃 한 송이만 피우는 능력이 있다.

장점이 많은 사람이 있다.
그러나 이것은 생존능력을 배가倍加시키지 못한다. 그것은 바로 하나에 집중集中하지 못하거나, 단 하나를 선택選擇하기 힘들어서일 수도 있다.
만약 장점이 하나였다면 선택이 쉽고 보다 더 집중할 수 있었겠지만, 너무 많은 장점이 오히려 방해가 되어 버린 것이다.
장점이 단점보다 못하다고 하는 것은 이런 경우를 두고 하는 말이다.

자이언트 라플레시아는 세상에서 가장 큰 꽃이다

　자이언트 라플레시아는 세계世界에서 가장 큰 꽃이다. 이 꽃은 동남아東南亞의 자바나 수마트라, 그리고 필리핀 등 열대우림熱帶雨林이나 아열대亞熱帶 기후에서 자란다.

　꽃의 크기는 지름이 약 1m에 달하며 무게는 10㎏을 넘는다. 이 꽃은 피우는 데만 한 달이 걸릴 정도로 그 크기가 엄청나다고 한다. 하지만 이상하게도 꽃은 일주일도 못 가서 바로 시들어 버린다.

　흔히[21] '시체꽃'이라고 하는 '타이탄아룸'[22]이라는 꽃은 높이가 약 3m에

21　자료참조 : 네이버 나무위키
22　타이탄아룸: 짐승의 썩은 냄새가 난다. 약 5~10년 사이에 꽃이 피는데 하루에 약 10㎝씩 자라서 3m까지 자란다. 이후 이틀 만에 시들게 되니 허무하기 그지없다.

달해 세계에서 가장 큰 꽃이지만, 이 꽃은 여러 개의 꽃이 모여 핀 것으로 단일 꽃으로는 자이언트 라플레시아가 가장 크다고 볼 수 있다.

일반적으로 꽃은 꽃가루를 퍼뜨리기 위해 화려華麗한 색과 향기, 그리고 꿀샘과 그곳으로 잘 들어올 수 있게 만든 통로 등으로 꿀벌과 나비를 유혹하는 데 반해 자이언트 라플레시아는 심한 악취惡臭를 풍겨서 파리로 하여금 수분受粉[23]활동을 하게 만든다.

왜 이렇게 하는 것일까?
이유는 바로 그렇게 하는 것이 최선이기 때문이다.
열대지방熱帶地方에서는 활동력이 떨어지는 꿀벌과 나비 대신 생명력이 강한 쉬파리나 딱정벌레를 이용해야 효과적效果的이다. 이런 점을 미리 알았다면 이 꽃은 똑똑하다고 할 수 있다. 아니면 애초부터 꽃의 냄새가 지독해서 꿀벌과 나비는 포기抛棄하고 그들을 이용했는지도 모른다. 아무튼 살아남기 위한 방편方便으로는 아주 훌륭한 대안代案을 가진 것이 분명해 보인다.
꽃들은 경쟁競爭에서 지지 않으려고 다양한 색깔과 향기를 내뿜는다. 그러나 세상에는 너무 많은 꽃이 존재하기에 웬만한 향기 등으로는 수분활동을 하기 힘들다. 따라서 도태淘汰되는 꽃들이 발생하게 된다. 그런 와중에 자이언트 라플레시아는 틈새시장을 공략한 것이다. 크기로 경쟁자를 압도하고 지독한 향기로 쉬파리와 딱정벌레를 독점獨占한 것이다. 만약 자이언트 라플레시아가 그저 그런 향기를 가졌더라면 번식에 성공할 수 있었을까? 아마도 힘들었을 것이다. 경쟁에서 다른 꽃들에게 밀리기 때문이다. 이

---

23 수분(受粉): 꽃가루받이.

처럼 레드오션을 블루오션으로 만드는 방법方法은 어렵지 않고 가까운 곳에 있다. 남들이 가지 않거나 가고 싶지 않은 길, 어려워하거나 두려워하는 길, 이런 길을 찾아가면 되는 것이다.

주식투자株式投資에서 성공하는 비법秘法이 있다.
바로 대중大衆이 투자投資하지 않을 때 투자하고 대중이 투자할 때 빠져나오는 것이다. 그런데도 이러한 단순한 진리眞理를 자꾸 외면하고 너도나도 쉬운 길로만 뛰어드는 현실現實이 한층 더 우려스럽기만 하다. 불길만을 찾아 몰려드는 불나방 같아 보이기 때문이다.

칡과 등나무가 갈등을 빚는 이유는

　칡과 등나무는 혼자서는 땅을 기며 살지만 나무 등을 만나면 나무에 감고 의지依支해 살아가는 덩굴식물이다. 이처럼 칡과 등나무, 두 식물이 만나는 것을 갈등葛藤이라고 한다. 즉 갈등이란 한자로 칡葛과 등나무藤라는 뜻으로, 칡과 등나무가 서로 얽혀 풀지 못하고 꼬이는 모습을 나타내는 말이다. 실제로 칡은 오른쪽으로 감아 돌아가고 등나무는 왼쪽으로 감아 돌아가기 때문에 서로 단단히 얽혀 있다.

흔히 인간관계人間關係에서 서로 사이가 좋지 않고 반목反目할 때 갈등을 빚는다고 일컫는다. 엉킨 실타래처럼 풀 수 없는 관계를 지칭指稱하기도 한다.

그러나 알아 둬야 할 것이 있다. 그것은 바로 서로 풀 수 없기에 하나가 될 수 있다는 사실이다. 또한 혼자서는 땅을 기는 비참한 신세로, 절대로 위로 올라갈 수 없지만, 서로 의지하면 올라갈 수 있다는 뜻이기도 하다.

흔히 자신에게 위협이 되는 라이벌을 제거하려는 경향이 있다.
그러나 정적政敵이 사라지면 마음이야 편하겠지만, 그렇게 함으로써 자신도 그 이후로는 절대로 커가지 못하게 된다는 점도 알 필요가 있다. 그래서 건전한 라이벌을 항상 곁에 두고 살아야 한다. 그것은 라이벌을 위하는 것이 아닌 나를 위하는 방법이 되기 때문이다.

뿌리는 보이지 않는 법이다

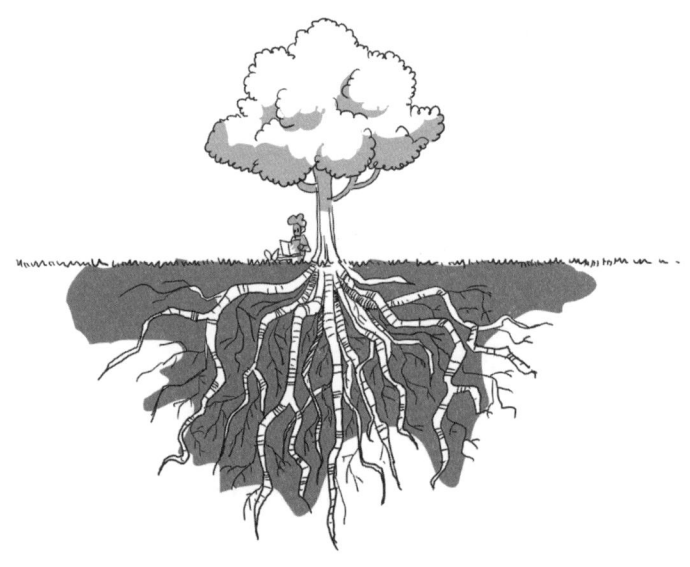

큰 나무! 크고 높은 나무는 어떻게 자란 것일까?
 그것은 바로 뿌리가 튼튼하기 때문에 크고 높게 자랄 수 있는 것이다. 나무가 커서 뿌리가 튼튼한 것이 아니라 뿌리가 튼튼해서 나무가 크고 높게 자라는 것이다.

 사람들은 큰사람으로 성장하려 하지만, 정작 뿌리를 튼튼하게 하려고 하지 않는 경향이 있다. 일단 커지면 뿌리도 튼튼해질 것이라고 믿기 때문이다. 그러나 그렇지 않다.

옮겨 심은 나무를 생각해 보자.
옮겨진 나무가 잘 자라지 못하는 경우가 많이 발생하는데, 이는 뿌리를 너무 많이 자르고 옮겨서 그런 현상이 일어난 것이다. 몸통은 큰데, 뿌리가 부실不實하기에 살아남을 수 없는 것이다. 그러므로 깊게 그리고 넓게 뿌리를 내리고 퍼뜨리지 않으면 절대로 성장을 기대할 수 없다.

그런데 기억할 것이 있다.
바로 뿌리는 땅속에 숨어 있다는 사실이다.
내실內實은 이렇듯 남모르게 준비準備해야 하는 것이다. 뿌리가 밖으로 보이게 되면 나무가 오래 살지 못하는 이치理致이기도 하다.

옥수수의 희생정신

옥수수는 맨 위에 자라는 것만 상품商品이 된다. 보통 두 개가 자라게 되나 아래 달린 것은 상품이 되지 못하고 소여물 등으로 쓰이게 된다. 그래서 옥수수 1만 개를 수확收穫한다는 것은 1만 개의 모종을 심었다는 뜻이기도 하다. 이렇게 보면 옥수수는 작물을 재배栽培하는 농부의 입장에서는 효율성이 떨어지는 작물作物이다.

하지만 옥수수의 입장에서는 한 개의 옥수수를 위해서 최선을 다하는 모습이 아주 효율적으로 보인다. 다른 것을 희생시켜 하나의 건실한 옥수수를 만드는 노력은 가상嘉尙하기까지 하다. 바로 집중集中과 분산分散의 표본標本이 되기 때문이다.

옥수수의 희생정신犧牲精神

가끔 사람들은 욕심 때문에 버리지 않고 모두 움켜쥐고 산다. 하지만 움켜쥔다고 해서 모두 자기 것이 되지 않는다.

버려야 자기 것이 되는 이치理致

옥수수로부터 배울 수 있는 진리眞理이다.

나무는 다듬어야 한다

　커다란 나무는 다듬지 않으면 목재木材가 되지 못하고 목재가 되지 못하면 쓸모없는 것이 된다.

　멋진 바위는 다듬지 않으면 석재石材가 되지 못하고 석재가 되지 못하면 쓸모없는 것이 된다.

사람은 어려서 다듬지 않으면 인재人才가 되지 못하고 인재가 되지 못하면 쓸모없는 사람이 된다.

이처럼 멋지게 태어나거나 자라더라도 다듬지 않으면 아무 쓸모없는 사람으로 전락轉落하게 되는 것이다. 또 평생에 걸쳐 다듬어야 비로소 훌륭한 것으로 거듭날 수 있다는 점도 기억할 필요가 있다.

태풍은 적도에서는 만들어지지 않는다

태풍颱風은 바다 위에서 생성된다.

만약 육지陸地에 도달到達하지 않는다면 태풍은 지속적으로 힘을 발휘發揮할 수 있다.

태풍은 어떻게 만들어질까?

태풍이 만들어지는 과정過程은 이렇다.

북태평양, 수온이 27℃ 이상인 열대해상에서 뜨거운 공기는 급상승急上昇하면서 매우 강한 열대저기압熱帶低氣壓을 형성한다. 상승기류上昇氣流는 숨은 열이 방출放出되고 이로 인해 바람은 불어 들어온다. 이러한 과정이 지속적으로 반복反復된다.

상승기류와 저기압의 형성形成, 그리고 지속적인 반복활동으로 인해 열대저기압부는 빠르게 열대폭풍으로, 그리고 초속秒速 17m이상의 태풍으로 발전한다. 이러한 태풍은 지구자전地球自轉의 영향을 받아 시계반대방향時計反對方向으로 회전回轉하면서 초기에는 서북서진 하다가 편서풍偏西風의 영향으로 북동진北東進 하면서 일본 북쪽의 오호츠크해 등으로 빠져나가며 일생을 마감한다.

태풍의 소멸 원인消滅原因은 에너지 공급의 차단遮斷이다. 바다 위에서 에너지를 축적蓄積해 가며 힘을 발휘하다가도 육지를 만나면 비와 바람으로 에너지를 다 소비하게 돼 태풍으로서의 일생을 마감하는 것이다. 육지에서는 지속적인 수증기 공급水蒸氣供給이 끊어지기 때문에 생기는 결과이다.

이처럼 에너지를 소진消盡해 버린 개인도 마치 태풍의 일생과도 같이 사라지는 것이다. 지속적인 에너지 공급이 삶의 근간根幹이 되기 때문이다.

태풍이든 사람이든 에너지가 만들어지지 않는다면 생명生命을 다하게 된다. 생명과도 같은 에너지 공급을 위해 우리에겐 무엇이 필요한가?
그것을 위해서는 항상 열정을 간직할 필요가 있다.

그런데 재미있는 것은 태풍이 적도에서는 만들어지지 않는다는 점이다.[24] 그 이유로 뜨겁기만 해서는 태풍이 만들어지지 않기 때문이다. 즉 찬 공기와 더운 공기의 결합結合이 필요하다는 것이다. 그러므로 지속적인 삶의 에너지를 얻기 위해서는 열정만으로 성공하기 어렵다. 바로 뜨거운 열정에 더해지는 냉철한 판단과 센스가 필요하다는 것이다.

---

24 태풍은 북위 5° 이상에서 만들어진다.

먹구름 위로는 항상 태양이

먹구름이 끼었을 때, 비가 올 것이라는 걱정보다 곧 맑은 날이 올 것이라는 기대를 가져야 한다. 먹구름은 비와 바람을 몰고 오나 비와 바람이 그치고 나면 반드시 맑은 날이 오기 때문이다.

그런데도 많은 사람들은 먹구름 뒤에 몰아칠 비와 바람만을 걱정하는 경향이 있다. 그래서 걱정을 이기기 위해 비와 구름에 대한 대비對備만 하게 된다. 그러나 맑은 날을 위해 준비하지 않으면 정작 먹구름이 물러났을 때 우왕좌왕右往左往하게 된다.

그럼에도 사람들은 당장의 어려움만을 이겨내려고 발버둥 친다.

하지만 이겨낸 다음에 대한 준비는 미흡未洽하기 그지없다.

따라서 당장 힘들더라도 어려움 이후, 편안함에 대한 대비도 세워야 한다. 그렇지 않으면 편안함이 다시 어려움으로 돌아서기 때문이다.

어려움은 반드시 물러가는 법

그 뒤를 준비하지 않으면 어려움을 어렵게 이겨 내기만 할 뿐 번영繁榮은 기대하기 힘들다.

축구에서 수비守備만 한다면 절대로 상대를 이길 수 없다.

반드시 공격을 해야 이길 수 있다. 그러므로 언제나 수비에 치중置重하면서도 공격攻擊할 수 있는 기회를 노려야 한다.

당장 어렵다고 버티기만 하거나 이겨 내려고만 하고 미래未來를 준비하지 않는다는 것은 미래를 포기하는 것과 같다. 어려움을 이겨 내고 미래를 준비해야 남과 다른 일을 할 수 있다.

제주도에 홍수가 나지 않는 이유는

　육지에서는 감당하기 힘든 기록적인 폭우暴雨가 제주도에 내린다 해도 제주도에서는 홍수洪水나 산사태로 어려움을 겪지 않고 비교적比較的 안전安全하게 지낼 수 있다. 그것은 제주도 지반이 되는 현무암玄武巖의 특성상 많은 구멍들이 강우량降雨量을 신속迅速하게 흡수吸收하여 해안에서 용출湧出되어 소진시켜 버리기 때문이다. 그래서 제주도에는 산사태와 홍수가 없는 것이다. 단단해 보이지 않고 구멍만 나 있는 현무암이 이처럼 유용有用할 때가 있는 법이다.

사람도 마찬가지이다.

빈틈없이 장점만을 지니고 있다면 산사태나 홍수로 무너져버릴 수 있으나, 약점과 단점 그리고 모자란 부분이 일부 있다면 적이 생기지 않아 위험危險에 처하지 않을 수도 있다.

이렇듯 가끔은 남들보다 나아 보이지 않을 필요가 있다. 구멍 투성이의 현무암만 존재한다고 해서 제주도가 약한 섬이 아니듯이 약해 보인다고 해서 진짜로 약한 것도 아니기 때문이다.

강수량을 비축하려면

    부자富者와 빈자貧者를 땅에 비유比喩하자면 각각 비옥肥沃한 토지와 황량荒凉한 사막이라 말할 수 있다.

    비옥한 토지는 사계절 내내 눈과 비가 내려 풍부豐富한 강수량으로 다양한 동식물이 자라날 수 있는 곳이다. 내리는 강수량이 증발되는 강수량보다 많기 때문에 비옥한 토지가 된 것이다.

    반면 황량荒凉한 사막은 사계절 내내 눈과 비가 내리지 않거나 적게 내려 강수량이 부족해 동식물이 자라기 힘들다. 내리는 강수량보다 증발되는 강수량이 더 많기 때문에 황량한 사막이 된 것이다.

비옥한 토지와 황량한 사막은 원래 같은 조건이었으나 강수량의 변화變化로 결과가 바뀐 것이다. 사막화沙漠化가 진행 중인 지역에 대한 소식을 접해보면 그 원인을 알 수 있다.

그런데 사막화된 토지를 다시 비옥한 토지로 만들기란 매우 어렵다.
인위적으로 자연을 바꾸는 것이 현실적으로 힘들다는 뜻이다.
따라서 사막화 이전에 조치를 취해서 한다.
많은 강수량을 준비해야 하고 소모消耗되는 강수량을 줄여 나가야 한다.

경제원칙經濟原則도 동일同一하다.
많은 소득所得과 소비所費의 절제節制가 부富를 만들어 줄 수 있다. 다만, 절약節約보다는 소득이 많아야 한다는 전제前提가 있다. 소비의 절제로 부자가 되는 것보다 소득의 다양화多樣化와 그 양量으로 부자富者가 되는 것이 더 현실적이기 때문이다.

우박이 내리는 계절은 겨울이 아니다

차가운 우박雨雹은 여름에 내리는 법法이다.

혹자或者는 우박이 추운 날 만들어지는 것 아니냐고 하지만, 추운 겨울에는 우박이 만들어지지 않는다. 우박은 뜨거운 태양 아래 열기熱氣가 가득한 상태에서 만들어진다. 상승기류와 함께 빗방울이 오르내리면서 냉각冷却되어 우박으로 떨어지기 때문이다.

우박은 인간관계와 비슷한 점이 있다.

오랜 시간 친구로 지내 와서 겉으로는 좋은 친구처럼 보이지만, 실제로는 좋은 관계가 아니라면 이런 관계는 결국 나중에 아주 중요한 시점에 상대를 업신여기거나, 배신背信하거나, 복수復讐하게 만든다. 마치 뜨거운 대기大氣 속에서 서서히 만들어져 가는 차디찬 우박처럼….

그리고 우리가 알아 두어야 할 점이 있다. 추운 날 만들어지는 서리보다 더운 날 만들어지는 우박이 농작물에는 더 큰 피해를 준다는 사실을… 한창 익어가는 곡식穀食에 내리는 우박은 재앙災殃과도 같은 반면 서리는 추수秋收하고 난 시기에 내리는 경우가 많기 때문이다.

이것은 중요한 시기에 복수하는 인간의 모습과도 일맥상통一脈相通한다. 따라서 좋은 관계라고 경시輕視하거나, 성의를 다하지 않으면 안 되는 게 인간관계이다.

언제 우박으로 내릴지 모르기 때문이다.

우박이 떨어지는 이유

우박은 강력한 상승기류上昇氣流에 의해 발생한다.

내리는 빗방울이 강력한 상승기류에 의해 올라가고 영하의 기온인 적란운積亂雲의 상층부上層部와 만나며 얼음결정체를 이룬다. 이 얼음결정체는 중력에 의해 다시 하강下降하지만 강력한 상승기류에 의해 올라가기를 반복反復하면서 얼음결정체가 커지게 되는 것이다.

이렇게 커다랗게 만들어진 얼음은 중력重力의 강한 힘에 의해 아래로 낙하하게 되는데, 이때 상승기류의 방해妨害에도 불구하고 그 무게 때문에 땅으로 떨어지게 된다. 이것이 우박이다. 우박은 상승기류의 힘에 따라 우박의 크기가 결정되는데 작게는 콩알만 한 것부터 골프공보다 큰 것까지 다양하다.

고난을 반복하는 우박!

사람이 평온不穩하게만 산다면 어려움이 닥쳤을 때 힘없이 무너지고 말 것이다. 단련鍛鍊이 되지 못했기 때문이다.

따라서 젊어서 경험한 시련試鍊과 고통은 위기를 극복克服할 수 있는 저력底力을 만들어 준다는 점을 기억할 필요가 있다.

계절은 반복되지만 매번 같지는 않다

다가오는 봄을 이기는 겨울은 없다.
성하盛夏의 계절을 버텨내는 봄 또한 없다.
뜨거운 여름을 이겨내는 것은 서늘함이다.
그리고 서늘함은 언제나 그 극치極致인 겨울을 맞이할 수밖에 없다.

영속永續하는 것은 없다.

그러나 사라지는 것도 없다.

언제나 반복되니 너무 흥분하거나 서운해할 일이 없는 것이다.

다만, 그때그때 열정熱情을 쏟아부을 필요가 있다.

다시 오는 계절季節이지만, 지나간 계절을 또다시 만날 수는 없기 때문이다.

시간은 누구에게도 평등平等하고 공평公平하다.

그리고 매번 같은 모습으로 다가왔다가 사라진다.

그러나 지나간 시간이 다가오는 시간과 같을 수는 없다.

그러므로 현재의 시간에 최선을 다할 필요가 있는 것이다.

태양이 빛나는 이유

 태양이 빛을 내는 이유는 끊임없이 내부에서 폭발爆發이 일어나기 때문이다. 그로 인해 태양계 전체 행성行星에 에너지를 공급해 주고 있다.
 빛은 네 개의 수소가 융합融合해 한 개의 헬륨을 만들 때 남는 질량質量이 에너지로 분출噴出되는 원리原理이다. 따라서 빛은 에너지를 발산하는 것이지 에너지를 모으는 행위는 아니다.

이처럼 태양은 끊임없는 폭발과 함께 자기희생적自己犧牲的으로 에너지를 주기 때문에 빛이 나는 것이다. 만약 폭발이 끊어지면 빛은 사라질 것이다. 그리고 에너지 또한 공급하지 못할 것이다.

인간도 내부에서 생각과 열정이 끊임없이 솟아나야 생명을 유지하게 된다. 그리고 이러한 에너지를 남에게 베풀어야 빛이 날 수 있다. 만약 열정만 있고 에너지를 방출放出하지 않는다면 빛은 발생하지 않을 것이다. 역사상 위대한 인물들은 자기희생적自己犧牲的으로 에너지를 남에게 방출했다. 그래서 빛이 난 것이다.

비록 인간이 생명은 붙어 있다 해도 생각과 열정이 사라졌다면 생불여사生不如死가 아닐 수 없다. 또한 충만充滿한 에너지를 방출하지 않는다면 빛을 기대해서는 안 될 것이다.

인간의 에너지로 쓰이는 것은, 어떤 이에게는 가르침일 수 있고, 어떤 이에게는 인격일 수 있다. 그리고 또 어떤 이에게는 재물일 수도 있다.

열정과 에너지 발산發散이 동시에 일어나야만 빛을 낼 수 있는 이치이니….

열정과 에너지를 발산하지 않는 삶은 누구에게도 영향을 끼치지 않고 사는 삶이기에 없는 듯 혹은 없어져도 되는 삶으로 전락할 수 있다. 그래서 열정 못지않게 빛나는 삶이 필요하다.

누구나 빛나는 삶을 추구追求하길 바라며….

블랙홀 같은 힘이 필요한 이유

삼투압은 진한 농도濃度가 옅은 농도를 포획捕獲하는 것을 말한다. 결국 빈익빈 부익부貧益貧富益富[25]의 효과가 있는 현상이다.

농도는 열정을 의미한다.

순도 100%의 농도는 주변의 낮은 농도의 것들을 끌어모은다.

---

25 빈익빈 부익부(貧益貧富益富): 가난한 사람은 더 가난해지고 부자인 사람은 더 부자가 된다는 뜻.

주변에 사람이 없다는 것은 농도가 짙지 않기 때문이다.

사랑을 받지 못하는 것 또한 그렇다.

선거에 나가는 후보가 자신감과 열정이 없다면 아무도 그를 지지하지 않을 것이다.

자기가 성공하지 못하는 이유는 남을 끌어당기는 매력魅力이 없기 때문이다.

매력 또한 삼투압滲透壓과 같으니 이제부터라도 매사每事에 열정을 보여야 할 것이다.

하늘은 스스로 돕는 자를 돕는다고 하지 않던가?

열정은 가득 찬 것을 의미한다.

하지만 가득 찬 것에 만족하지 말고 넘쳐나는 것을 추구해야 한다.

농도는 100%를 넘을 수 없으나 열정은 10,000%를 넘길 수 있기 때문이다.

꽃이 진한 향기香氣로 벌과 나비를 불러 모으듯이 진한 열정은 자신을 매력적으로 보이게 해 끌어당김의 효과를 볼 수 있게 한다.

자석의 힘이 약하면 많은 철 성분을 당기지 못하듯이 강한 힘이 필요하다.

잡아당기는 힘이 강한 블랙홀이 무엇이든 자기편이 되게 만들듯이 살아가면서 자신만의 블랙홀을 반드시 만들 필요가 있다.

중력 같은 힘을 길러야 하는 이유

중력重力은 잡아당기는 힘이 아니다.
공간空間이 휘어졌기 때문에 그 길을 따라 움직이는 것이다.
길을 만들어주면 잡아당기는 것과 같은 힘을 느끼는 것이다.
길을 만들어주면 빠르게 진행한다는 것인데 이는 교육도 마찬가지이다.

국민계몽國民啓蒙 또한 무작정 당기려 하지 말고 길을 만들어주는 지혜智慧가 필요하다.

길을 만들어주는 사람이 진정한 영웅英雄이다.

인간중력의 힘

인간중력이 센 사람은 잘 늙지 않는다.
중력이 강할 경우 시간이 더디게 흐르기 때문이다.

반면 인간중력이 약한 사람은 쉽게 늙는다.
중력이 약하면 시간이 빠르게 흐르기 때문이다.

중력은 빠져드는 자연스러운 힘이고

빨아들이는 거부할 수 없는 힘이다.

인간중력은 자신감에서 비롯되는 매력이다.
이 매력은 너무 겸손하지도 않고
너무 자만하지 않고
당당한 자세와 행동에서 만들어지며
인색하지 않은 멋진 인격을 갖춘 자만이 가지는 무기이다.

증발은 100°C에서만 진행되지는 않는다

물은 *100°C*에서만 증발되지 않는다

물은 30°C가 안 되는 기온(27°C 등)에서도 증발蒸發된다. 심지어 바람에도 증발된다. 단, 지속적인 작업이 필요하다. 수적석천水滴石穿, 즉 '낙숫물이 댓돌을 뚫는다'는 말이 있듯이….

그런데도 사람들은 100°C가 되기까지 기다린다. 그전에는 행동하지 않는 것이다. 그러나 조그만 것도 행동해야만 성과를 얻을 수 있다는 진리를 잊은 듯하다.

우리는 가끔 이런 사실을 잊고 사는데 작지만 아주 커다란 오류誤謬를 범하고 있다는 것을 인지認知할 필요가 있다.

정제된 소금이 더 깨끗할 수 있다

　얼마 전, TV에서 소금의 성분을 조사調査한 적이 있다. 그런데 놀랍게도 소금에 플라스틱 가루가 섞여 있었다. 환경오염環境汚染에 따른 결과이다. 심해深海에 사는 생물(미생물)의 체내에도 플라스틱이나 비닐 성분이 축적蓄積되었다는 사실은 플라스틱류에 의한 환경오염의 실상實像을 여실如實히 보여주고 있는 단면이다.

　소금 중 정제염은 말 그대로 정제된 깨끗한 소금이다. 마치 MSG[26]와 같다. 그런데 MSG를 화학조미료化學調味料라고 해서 배척排斥하는 것은

26　MSG(monosodium glutamate): 글루탐산일나트륨, 화학조미료.

단지 화학이라는 글자가 들어 있어서인데 이는 잘못된 상식常識이다. 사실 MSG는 사탕수수 등에서 추출抽出한 감미료甘味料로 깨끗하고 안전安全하며 우리 몸에 좋은 것이기에….

발효주醱酵酒나 재제주再製酒보다 증류주蒸溜酒가 최고품질의 술인 이유는 정제(증류)되었기 때문이다. 그러므로 앞으로는 정제염과 MSG 그리고 증류주를 즐기는 데 잘못된 선입견을 버려야 하지는 않을까?

만약 소금도 플라스틱 가루를 제거하지 않은 것이라면 좋다고 말할 수 없을 것이다.
(그러나 다행히도 요즘은 간수水를 활용해 플라스틱 가루를 분리하는 기술이 나오고 있다.)

사람은 태어난 상태 그대로 살아갈 수가 없다.
반드시 교육과 경험 등을 겪으면서 완전한 인격체의 인간으로 거듭나는 것이다.
자라면서 보고 듣고 겪는 모든 것은 바로 나를 훌륭한 인물로 정제시켜 주는 원천(源泉)이 된다.

마에 대한 소고小考

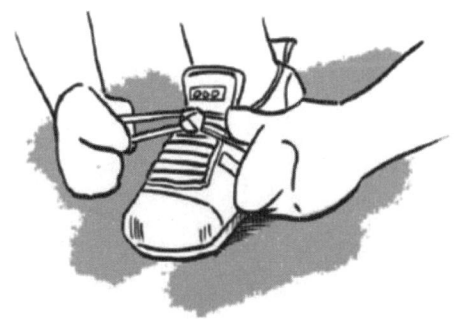

기력이 쇠했을 때, 마 섭취攝取를 권하는 말을 가끔 듣곤 한다. 아마도 마가 주는 효능效能이 탁월卓越해서인지도 모른다. 마는 갈아 먹기도 하고 찌거나 구워서, 혹은 기름에 부쳐서도 먹지만 그냥 무 먹듯이 날로 먹는 것이 효과가 더 크다고 한다.

과거 역사를 통해 마의 효능을 알아보자.

신라 진평왕 때 지었다는 〈서동요薯童謠〉에는 선화공주와 서동의 사랑이야기가 나온다. 선화공주는 신라 사람이고 서동은 백제 사람이다. 이 둘은 서로 적국敵國의 사람이었는데, 어떻게 사랑을 꽃피웠을까?

나중에 선화공주는 서동과 결혼하였는데, 서동은 백제의 무왕武王이 되고, 선화공주는 왕비가 되었다.

서동薯童은 이름에서도 알 수 있듯이 산속에서 마를 캐서 파는 사람이었다. 그래서 항상 언제나 마를 먹고 자랐을 것이다.

마는 강정식품强精食品이다. 이러한 사유가 국경國境을 초월超越하여 사랑을 찾았던 선화공주를 불러온 것은 아니었을까?

아무튼 몸에 좋은 식품은 건강한 신체와 건강한 정신을 만든다.

그로 인해 서동은 사랑도 얻고 임금까지 되니 아무리 정신력이 좋다 한들 체력이 뒷받침해주지 못한다면 품었던 꿈과 희망은 물거품처럼 사라져 버릴 것이다.

그래서 항상 체력증진에 힘쓸 필요가 있다.

Sound body, sound mind.

연근에 구멍이 많은 이유

연꽃은 진흙과 흙탕물 속에서 자란다. 그리고 물속에 뿌리를 내려 많은 양의 수분과 양분을 흡수吸收해야만 살아남을 수 있다.

그런데 연꽃은 영양분營養分을 빨아들이기 위해서 커다란 빨판이 필요했을까? 그렇지는 않다. 연근은 강력한 뿌리가 있거나, 커다란 구멍이 있지는 않다.

강력한 뿌리가 많은 자양분滋養分을 흡수할 수 있는데 그렇지 않고, 커다란 빨판이 있어 많은 자양분을 흡수할 수 있었는데 그렇지 못하고 있다.

연꽃은 이렇게 강력한 뿌리도 없고 커다란 빨판도 없다. 그저 작은 구멍의 빨판들만 존재할 뿐이다.

그러나 연근蓮根은 애초부터 알고 있었다.
강력한 뿌리가 자양분을 많이 흡수하지 못하고 커다란 구멍이 그렇게 하지 못한다는 것을…. 그래서 오히려 작은 구멍들을 내 자양분을 쉽게 빨아들이고 있었던 것이다. 마치 빨대의 구멍이 작을수록 빠르게 많은 수분을 빨아들이듯이. 강하고 크다고 해서 꼭 성공할 수 있지는 않다는 것을 애초부터 안 것이다.

그런데 사람들은 이런 작은 진리를 아직도 모르고 살고 있는 것 같다. 작아도 강하다는 것, 아니 작아야만 강할 수 있다는 것을….

마늘은 가장 강한 단맛을 내는 채소

Brix는 당도를 측정測定하는 단위로 100g당 당분의 함유량含有量을 말한다. 예를 들어 12Brix라고 한다면 과일용액 100g당 12g의 당분이 들어 있다는 뜻이다.

우리가 달다고 알고 있는 과일 중 수박은 Brix가 8도 채 안 된다. 오히려 포도가 16Brix 정도로 수박보다 높으며, 바나나가 22Brix로 수박보다 두세 배가량 높다.

Type of Juice	Brix Value
Acerola	6.0
Apple	11.5
Apricot	11.7
Banana	22.0
Black Currant	11.0
Blackberry	10.0
Blueberry	10.0
Boysenberry	10.0
Cantaloupe Melon	9.6
Cherry (Sour)	14.0
Cherry (Sweet)	20.0
Cranberry	7.5
Elderberry	11.0
Grape	16.0
Grapefruit	10.0
Guava	7.7
Kiwi	15.4
Lemon	4.5
Lime	4.5
Mango	13.0
Nectarine	11.8
Orange	11.8
Papaya	11.5
Passion Fruit	14.0
Peach	10.5

Pear	12.0
Pineapple	12.8
Plum	14.3
Pomegranate	16.0
Prune	18.5
Raspberry (black)	11.1
Raspberry (Red)	19.2
Strawberry	8.0
Tangerine	11.8
Watermelon	7.8

(자료: Electronic Code of Federal Regulations, Title 21, Volume 2, Subpart B, Revised April 2, 2012)

그런데 과일보다 더 높은 Brix를 자랑하는 것이 있으니 그것은 바로 마늘이다. 마늘의 Brix는 무려 30이 넘는다(약 32). 그런데 이렇게 수박보다 네 배가량 단 마늘은 왜 달다고 느껴지지 않는 것일까?

그것은 바로 마늘의 알리신 성분 때문이다.

알리신의 매운맛이 단맛을 숨겨놓은 것이다. 원래 최고의 단맛을 가졌으나, 감춰져 버린, 마치 초야草野에 묻혀버린 훌륭한 선비나 군자君子와 같다. 까탈스러운 성격과 고매高邁한 인격 때문에 속세俗世와는 인연因緣을 맺지 못하고 홀로 외롭게 살아가는 모습이 마늘의 현실을 보는 듯하다. 하지만, 낭중지추囊中之錐[27]라고 하지 않았던가? 언젠가 그 가치를 휘날릴 날

---

27 낭중지추(囊中之錐): 주머니 속의 송곳이라는 뜻으로, 뾰족한 송곳은 가만히 있어도 반드시 뚫고 비어져 나오듯이 뛰어난 재능을 가진 사람은 남의 눈에 띔을 비유하는 말

이 멀지 않았음을 기대해 본다.

　세상은 가짜들이 판치는 이전투구泥田鬪狗의 혼란한 곳이다. 비록 매운 냄새에 가려졌지만, 당도가 높은 마늘처럼 진짜가 세상에서 인정받을 날이 빨리 오길 또한 기대해본다.

　그런데 마늘은 단맛만을 가지고 있는 것이 아니다. 마늘은 냄새를 없애주기에 향신료香辛料 역할을 하며 알리신이 있어 살균, 항균작용도 하고 특히 셀레늄 성분이 있어 암을 예방豫防해주기도 하며 자양강장제滋養强壯劑로서 생활의 활력을 주기도 한다. 이처럼 온갖 병균(사회악)을 응징膺懲하는 능력을 갖춘 마늘처럼 현재는 조용히 칩거하고 있지만 나중에 가짜들을 제압해 줄 수 있는 현자의 활약이 그리워지는 시절이다. 나중에 가짜들을 제압制壓하는 진짜의 모습을 갖추었지만 때를 기다리고 조용히 칩거蟄居하고 있는 현자賢者의 모습과도 같지 아니한가?

꿀은 평생 썩지 않는다

꿀은 상하지 않는다.

수천 년 전에 있었던 돌같이 딱딱해진 꿀을 녹여 먹어도 아무런 탈이 생기지 않는다.

꿀은 왜 상하지 않는 걸까?

그것은 바로 꿀의 당도糖度가 높아서이다.

당도가 높아서 미생물이 살 수 없는 환경을 만들기 때문이다.

그래서 설령 미생물이 침투浸透해도 삼투압 작용으로 미생물의 수분을 모두 빼앗기 때문에 곰팡이 등 미생물이 서식할 수 없게 만드는 것이다.

설탕이나 소금도 마찬가지이다. 높은 당도와 염도는 외부로부터 자신을 보호해 주는 역할을 한다.

모두들 가족을 사랑한다고 한다. 그러나 그 농도는 알 수 없다. 하지만 가족을 지켜줄 수 있느냐 없느냐 하는 것으로 그 농도를 유추類推할 수는 있을 것이다.

혹자는 자신이 살아있는 동안 최선을 다해 가족을 사랑한다고 한다. 그러나 이는 가족을 반半만 사랑한다는 의미이다. 살아서만이 아니라 죽어서도 가족을 사랑해야 가족을 100% 사랑하는 것이다.

가족 사랑의 농도를 높이는 방법!

경제적經濟的으로 유일한 방법은 20세기 최고의 발명품인 보험밖에 없다.

금강석의 미학

충고忠告의 미학美學

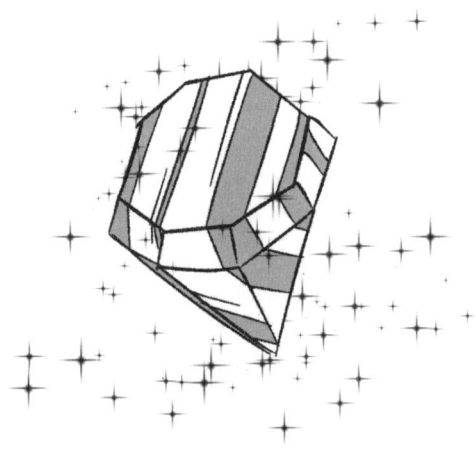

 금강석金剛石은 보석이 되기까지 수없이 많고 정밀精密한 작업作業을 통해 쪼개지고 잘리고 깎인다.
 그런 과정過程을 거쳐야 비로소 윗면은 33개, 아랫면은 25개로 만들어져 찬란燦爛한 보석寶石으로 성장하게 되는 것이다.
 즉 원석原石이 보석이 될 자격資格은 있으나, 결단코 이러한 과정 없이는 보석으로 탄생誕生할 수 없다. 그러나 이러한 어려운 과정을 통해 보석으로 선택받을 수 있는 것 또한 원석뿐이니 반드시 참고 견뎌야 한다.

충고와 조언을 통해 훌륭한 성인으로 성장하듯이 원석 또한 그러한 과정을 밟는 것이다.

그런데 주목해야 하는 점은 원석을 쪼개고 자르고 깎아낼 수 있는 것은 오직 원석뿐이라는 것이다.

원석이 아닌 것으로 보석을 만드는 것은 애초부터 불가능하거나 무의미한 행동에 지나지 않는다.

그러므로 충고와 조언 또한 자격을 갖추지 못했을 때 하게 되면 공허空虛한 메아리가 됨을 기억하자.

따라서 함부로 섣불리 충고할 일이 아닌 것이다.

굴뚝이 쓰러지는 순서는

긴 굴뚝은 쓰러지기 전에 먼저 부러진다

사람이 높은 곳에서 떨어지면 바닥에 추락墜落하기 전에 사망한다고 한다. 삶을 포기해서 혹은 쇼크를 받아서라고 하는데 원인을 정확히 파악把握할 필요가 있다. 포기라기보다는 쇼크에 의해 사망하는 것이다.

무생물無生物인 굴뚝이 '포기'를 할 수는 없지 않은가? 굴뚝은 자기 무게를 견디지 못해 쓰러지기 전에 먼저 부러지는 것이다. 따라서 사람도 엄청난 공포로 인한 쇼크로 추락하기 전에 사망하는 것이다.

사람들은 포기抛棄하지 말라고 한다. 그러나 포기를 초래하는 것이 쇼크이다. 포기보다 먼저 오는 쇼크가 포기를 재촉하는 것이다.

사람들이 포기하는 이유 중에 하나도 쇼크에서 비롯된다. 그러므로 쇼크를 견딜 수 있는 마음과 자세姿勢를 견지堅持해야 한다.

고공高空 점프를 하는 사람들이 쇼크에 굴복했다면 안전한 착지着地를 할 수 없었을 테지만, 고공 점프를 하는 사람들의 대부분은 쇼크를 받지 않고 안전하게 착지한다.

바로 쇼크를 받지 않고 즐겼기 때문이다.

못과 바늘의 원리

못은 날카로운 끝을 가지고 있다.
그리고 못의 머리는 납작하다.
머리가 납작한 것은 망치를 받아 내기 위함이다.
끝이 아무리 날카로워도 힘을 받지 못하면 무용지물無用之物이다.
그래서 못의 머리가 납작한 것이다.

끝이 뾰족한 바늘이 있다.
그러나 바늘 혼자서는 아무 일도 할 수 없다.

사람의 힘을 빌려야 실을 꿰어 바느질할 수 있다.

이처럼 못과 바늘이 날카로움을 가졌다 해서 자기 힘만으로 목표目標를 이룰 수는 없다.

반드시 조력助力이 필요한 것이다.

길과 터널의 원칙

길은 평평하게 보이지만 결코 평평하지 않다.

만약 길이 평평하다면 비가 내릴 경우 물이 빠지지 않아 결국 길로 쓰이지 못하게 된다. 그러므로 길은 언제나 가운데가 높고 길 양쪽 가장자리가 낮다. 그래야 비가 오더라도 물이 차지 않고 양쪽으로 흘러내릴 수 있다.

터널 속의 길은 수평적水平的으로 보이지만 결코 평평하지 않다.
만약 터널이 수평적으로 평평하다면 비가 많이 오는 경우 터널 안에 물이 가득 고여 이용할 수가 없게 된다. 그러므로 터널 안의 길은 맨 가운데가 높고 터널의 시작과 끝 부분이 낮다. 그래야 물이 터널 안에 가득 차지 않고 터널 밖으로 빠져나가는 것이다.

사람들은 평탄함을 강조한다. 그리고 평온함을 요구한다.
그러나 그렇게 되면 사람으로서의 가치를 잃게 될 수도 있다. 부침 없이 어찌 크려 하는가? 흔들림 없이 어찌 평온함을 추구하는가?

가득 차면 버려야 한다. 지식이든, 재산이든… 마치 길이나 터널처럼. 그래야 인간 가치를 지닐 수 있는 것이다.

无平不陂(무평불파)
无往不復(무왕불복)
无幸不辛(무행불신)

비탈지지 않은 평지가 어디 있으며
돌아오지 않는 떠남이 어디 있으랴
이처럼 어려움을 겪지 않고 찾아오는 행복 또한 없나니[28]

---

28 무평불파, 무왕불복은 《주역》에서, 무행불신은 저자가 첨언함.

돌담이 강풍에 견디는 이유

바람 많은 제주도에 돌담이 건재한 이유는 바람이 드나드는 틈이 많기 때문이다.

틈이 없는 사람은 외롭다.
친구親舊가 떠나가기 때문이다.

그러므로 다소 틈이 있어야 인간다움을 느낄 수 있고
그래야 친구로 더 오래 남을 수가 있는 것이다.

밀알과 불쏘시개의 차이

한 알의 밀알이 되다.

불쏘시개가 되다.

똑같이 남을 위한 거름이 되는 것이나,
밀알은 자의적自意的이고 불쏘시개는 타의적他意的이다.
전자前者는 희생犧牲이고, 후자後者는 이용利用당하는 것이다.
그래서 전자는 능동형能動形이고 후자는 수동형受動形이다.

남을 이용하거나 속이는 것은 강도强盜나 절도竊盜보다도 더 질이 나쁜
범죄犯罪이다. 사람의 혼魂까지 피폐疲弊하게 만들었기 때문이다.

사막을 만들지 말아야 하는 이유

사막砂漠은 강수량보다 증발량이 더 많은 지역이다.

강수량이 저조低調한 곳이기도 하다.

내리는 비보다 쓰거나 없어지는 물이 더 많으니 땅이 메말라서 동식물이 살기에 적합하지 않다.

혹자는 말한다.

사막에도 꽤 많은 생명이 살아간다고.

어느 정도 인정하지만 척박瘠薄한 환경에서의 삶은 편함과 불편함을 따지기 전에 생존生存이 달린 문제이기에 여유로운 삶을 기대하기 힘들다.

습지나 드넓은 초원, 그리고 정글지대에는 많은 강수량으로 다양한 동식물이 살아가고 있다. 적어도 그들은 물이 없어 죽지는 않는다는 것이다.

물만 먹고 살 수는 있어도 물 없이 살 수는 없다.
3일 정도면, 혹은 일주일이면 모두 죽기 때문이다.

사막이 있다는 것은 어딘가에 오아시스가 있다는 말을 많이 하는데, 이는 말의 유희遊戱에 지나지 않는다.
일부러 어려운 환경을 만들고 나서 '하늘이 무너져도 솟아날 구멍은 있다'라고 하는 것과 같다.
오아시스는, 사막에서는 희망希望이지만 초원이나 정글에서는 그 존재가치存在價値가 떨어진다.

굳이 인생을 살면서, 그것도 사랑하는 가족과 살면서 오아시스를 찾으려는, 즉 삶을 담보擔保로 내기할 필요가 있을까?
또한 이미 많은 사람들이 오아시스를 찾기 전에 죽었다는 것을 상기想起할 필요도 있다.

따라서 애써 사막을 만들어 오아시스를 찾으려 하지 말고, 삶과 죽음과는 무관無關한 인생의 편안한 휴식처休息處가 될 수 있는 파라다이스 같은 오아시스를 찾아 가족家族들과 함께 보내야 하지는 않을까?

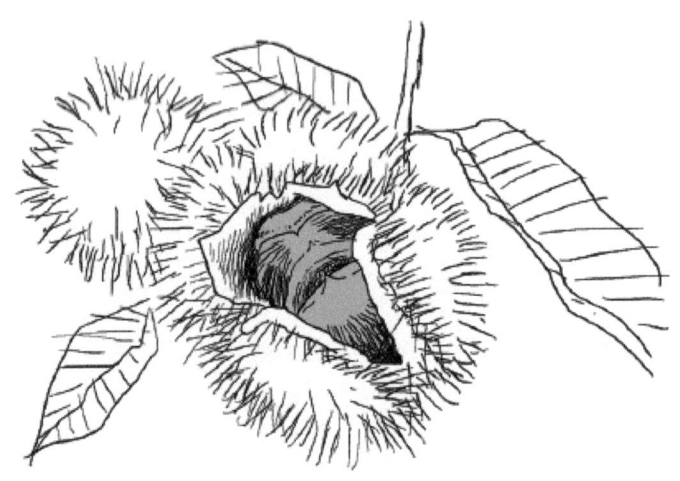